리더의 길과 지혜

오석홍

본 도서의 일부 내용은 사료 해석과 저자 관점이 포함된
부분이 있어 정확한 역사적인 사실과 차이가 있을 수 있습니다.

리더의 길과 지혜

오석홍 지음

도서출판 디자인21

머리말

쉼 없이 달려온 대학교수 생활을 마무리할 즈음, 이학을 전공한 저자가 고전과 인물을 조명하며 리더의 길과 지혜의 숲에 잠시 서 보았습니다. 인생의 봄과 여름을 지나는 여정 가운데 수많은 분의 도움과 기도로 유학할 수 있었고, 대학에서 제자들을 가르칠 기회를 얻은 것은 결코 당연한 일이 아니라 특별한 선물이었습니다. 인생의 계절로 보자면 이제 봄과 여름을 지나온 시기인데, 같은 시대를 살아가는 사람들, 그리고 아직 봄과 여름의 시기를 걷고 있는 사람들이 리더의 숲길에서 함께 읽을 수 있는 작은 안내서를 만들어 보고 싶었습니다.

전북 완주군 상관면 편백 숲 마을로 거처를 옮긴 후, 많은 사람들이 집 곁의 편백나무 숲을 찾아와 쉬어가는 모습을 보았습니다. 그 모습을 보며 '안내판이나 안내자의 도움을 받는다면 숲을 더 깊이 만나고 갈 수 있을 텐데'라는 생각을 여러 번 했습니다.

리더의 길과 숲도 마찬가지일 것입니다. 그 숲에도 여러 갈래 길이 있고 다양한 지혜가 숨어 있을 텐데, 좋은 리더라면 어떤 생각을 품고 어떤 길을 어떻게 걸어야 하는지 이제는 조금 알 것 같습니다.

제1편에서는 『논어』, 『순자』, 『도덕경』, 『맹자』 등 고전에 담긴 어구의 의미를 살펴보고, 저자 나름의 해석과 여러 사례를 연결하여 현대를 살아가는 우리가 리더가 되려는 길목에서 새겨야 할 교훈을 조명해 보았습니다. 살아 있으므로 상징되는 부드러움은 죽음으로 상징되는 단단함을 언제나 압도한다는 가르침도 얻었습니다. 물은 언제나 낮은 곳으로 흘러 웅덩이를 채우고, 바위를 비켜 가며 마침내 큰 강과 바다를 이루는 부드러움의 이미지를 가진 존재입니다. 그러나 물이 생명을 살리기 위해서는 자기들만의 결합을 과감히 내어주고 다른 물질을 받아들입니다. 예를 들어 소금이 물에 들어가면 물은 자신의 결합을 내어주고 소금물이 됩니다. 바닷물이 살아 있는 것은 바로 순수한 물이 소금에게 자리를 내어주었기 때문입니다. 양보하고 감사할 줄 아는 삶의 지혜는 개인과 가정, 그리고 조직을 든든하게 세우는 힘이 되며, 이는 곧 리더의 덕목이자 자기 자신을 욕되게 하지 않는 삶의 길이 될 것입니다.

제2편에서는 역사와 소설, 종교서에 등장하는 인물들의 삶과 리더십을 살펴보았습니다. 리더는 공통적으로 늘 부정보다 긍정을, 위기보다는 기회를 바라보는 비전의 사람임을 알게 되었습니다. 특히 비전을 사명으로 받아들이는 사람들은 언제나 비전 지수가 높았고, 이는 추진력 지수와 기적 지수의 상승으로 이어져 기대 이상의 성과를 이루어 냈습니다. 오프라 윈프리는 이렇게 말합니다. “남보다 더 가졌다면, 그것은 축복이 아니라 사명이다. 남보다 더 아파하는 것이 있다면, 그것은 고통이 아니라 사명이다. 남보다 더 설레는 꿈이 있다면, 그것은 망상이 아니라 사명이다. 남보다 더 부담되는 무언가가 있다면, 그것은 짐이 아니라 사명이다.” 그렇습니다. 리더는 솔선하여 실천하는 자이며, 비전과 사명을 분명히 인식하는 사람이어야 합니다.

대학교수로서의 삶은 언제나 가르침과 배움의 길이었습니다. 어떤 분야에서든, 나이와 상관없이 그곳에는 리더와 전문가가 있었고, 저는 그들을 통해 배우고 성장할 수 있었습니다. 상관 편백나무 숲 마을을 찾아오는 지인들이 집에 들러 차를 나누며 담소하는 시간이 종종 이어지고 있는데, 앞으로도 더 배우고 나눌 수 있을 것입니다. 여름날 집 앞 뜰에서 네잎클로버를 발견했을 때 느꼈던 기쁨과 미소처럼, 이 책도 독자들에게 하나쯤 간직하고 싶은 안내서가 되기를 바랍니다. 또한 곱게 물든 가을 단풍잎을 책

갈피에 넣어 오래 간직하듯, 이 책이 리더의 숲길에서 길잡이가 되는 작은 안내서가 되기를 소망합니다.

마지막으로 이 책의 발간을 위해 늘 함께한 아내 차연수 교수와 사랑하는 아들 준호, 며느리 연주, 손자 태민, 태준 그리고 언제나 자랑스러운 제자들에게 고마움과 감사한 마음을 전합니다.

상관에벤에셀에서

오석흥 드림

차례

제2편 인물을 통해 얻는 리더의 지혜/79

제1편 고전을 통해 얻는 리더의 지혜

1. 학이시습學而時習 익힘의 중요성

"학이시습지 불역열호學而時習之 不亦說乎, 배우고 때때로 그것을 익히니, 또한 기쁘지 아니한가?"라는 말은 『논어』의 맨 첫 문장, 첫 문구이다. 모르는 것을 배우고 그것을 수시로 익히는 즐거움을 아는 학생이라면 공부의 효과는 당연히 나타나는 법이고, 누구든 공부의 맛을 알게 되면 리더의 길을 걷는 사람이 되는 것이다. 그렇기 때문에 공자가 논어의 약 500개 문구 가운데 첫 번째에 '학이시습지 불역열호'를 배치한 것이 아닐까 한다.

사실 학습과 더불어 익힘과 관련된 수많은 단어들(예습, 복습, 연습, 자습, 실습 등)은 모두 '익힐 습習'에 방점이 찍혀 있는 것처럼 보인다. 배우는 것으로 끝나는 것이 아니라, 익힘을 통해 기쁨과 성공에 이를 수 있기 때문이다. 에디슨이 수많은 실패를 겪으면서도 좌절하지 않고 결국 발명에 성공할 수 있었던 것은 실패를 단순한 실패로 여기지 않고 반복되는 실습으로 받아들였으며, 새로운 것을 익히는 데서 기쁨을 찾았기 때문일 것이다.

우리 역시 살아가면서 수없이 많은 시행착오를 겪는다. 때로 후회하고, 때로 자책하며 자신을 원망하기도 한다. 그러나 실수와 시행착오 속에서 교훈을 배우고, 그 교훈으로부터 위안을 얻을 수 있다면 그것이야말로 리더의 길목에서 반드시 필요한 의미 있는 걸음일 것이다.

징기스칸은 사냥할 때 자신의 어깨에 매를 얹고 다녔다고 한다. 어느 날 매가 목이 말라 물을 마시려는 그의 물잔을 반복해서 떨어뜨리자, 징기스칸은 분노를 참지 못하고 매의 목을 베어버렸다. 그러나 매는 주인의 물잔 속에 독사가 떨어뜨린 독이 있음을 알아채고 그것을 막으려 했던 것이었다. 징기스칸은 큰 실수를 저지른 후 "분노한 상태에서는 중요한 결정을 내리지 않겠다"라는 교훈을 얻었고, 매가 전하려 했던 메시지를 놓친 것을 후회하며 '경청'의 교훈을 깨달았다고 한다. 이는 리더라면 반드시 새겨야 할 교훈이다.

지난 30여 년간 대학 교육 현장에서 수많은 제자들을 만나고 그들의 성장 과정을 지켜본 것은 큰 축복이자 감사한 일이다. 제자들 가운데에는 고등학교 시절과는 달리 대학에 진학해서야 배우고 익히는 즐거움을 깨닫는 이들이 있었고, 대학원에 가서야 그 재미를 아는 경우도 많았다. 개인의 고유한 능력은 결국 학이시습學而時習의 즐거움을 알고 그것을 어떻게 지속할 수 있는가에 따라 발휘되고 표현되는 것이라는 확신을 갖게 되었다. 늦게라도 그 즐거움을 알게 된다면 결국 훌륭한 인물로 자리매김하는 경우를 많이 보았다. 아니, 오히려 학이시습의 즐거움은 늦게 맛보는 경우가 더 많았던 것 같다.

순자의 교훈처럼 "하루에 천리를 달리는 천리마가 있더라도, 목적지를 명확히 하고 꾸준히 걸어가는 조랑말이 결국에는 천리마를 능가할 수 있다"라는 말도 꾸준한 '학이시습'과 그로부터 얻는 '즐거움'과 깊은 관련이 있는 것이 아닐까 한다.

배우고 익히는 것의 참된 즐거움은 배운 것을 실천(활용)하는 데에서 오는 것이라 할 수 있다. 특히 리더는 배움에 머무르는 사람이 아니라 실천하는 사람이다. 성경에도 "행함이 있는 믿음"이라야 진정한 믿음이라고 하였다. 좋은 설교나 메시지를 듣고 이해만 하고 행하지 않는다면 진정한 크리스천으로서, 그리고 리더로서도 부족한 것이다.

나폴레옹이 보초를 서다 총을 옆에 두고 졸고 있는 병사를 발견했을 때, 그 병사가 깰 때까지 대신 보초를 서주었다는 일화가 있다. 이는 행함과 관대함의 리더십을 보여주는 사례로, 군의 단합과 기강을 다잡을 수 있었던 힘이 되었다고 한다. 그렇기에 우리는 시행착오 속에서도 배움이 있다면 그 자체가 위안이 되고 교훈이 되며, 좌절감을 덜 느끼고 같은 실수를 반복하지 않는 실천으로 이어질 수 있는 것이다.

생활습관의학(라이프스타일의학)이라는 학문도 있다. 생활 속에서 어떤 실천(식생활, 운동, 명상 등)을 하느냐에 따라 개인의 건강이 크게 달라질 수 있음을 과학적으로 제시하고, 이를 실천하도록 연구하고 교육하는 분야이다. 생활 속 실천을 배우고 꾸준히 행함으로써 스스로 건강 효과를 입증할 수 있다면 생활습관의학의 리더가 될 수 있고, 개인의 삶의 질 제고는 물론 가정과 국가의 재정도 절약할 수 있다. 이 또한 학이시습의 큰 혜택이라 할 수 있다.

"學而時習之, 不亦說乎"

"학이시습지 불역열호."

배우고 익히며 실천하는 데서 오는 즐거움은 리더의 길목에서 반드시 누려야 할 기쁨이다. 이 즐거움이 없는 사람은 좋은 리더로 자리매김하기 어려울 것이라는 점이 지금도 살아 있는 교훈이다.

2. 청출어람青出於藍 제자, 친구, 선생

"쪽에서 나온 푸른빛이 쪽빛보다 더 푸르다"는 뜻으로, 제자가 스승을 뛰어넘었음을 비유적으로 이르는 말이다. 중국 전국시대 성악설性惡說을 주창한 순자의 사상을 기록한 『순자』에 나오는 구절이다. 학문을 계속하다 보면 스승을 능가하는 제자가 나올 수 있다는 말인데, 어쩌면 당연히 그렇게 되어야 하지 않을까 생각한다. 나는 제자들에게 종종 "지금은 너희가 제자들이지만 언젠가는 친구가 될 것이고, 또 언젠가는 스승이 될 것이다"라는 말을 하곤 했다. 누군가 했던 이 말을 '청출어람'의 의미로 제자들에게 들려주었던 것 같다.

대학교수로서 강단에 선 지 몇 년 되지 않아 한 학생이 찾아왔다. 시골에서 전주에 있는 명문 고등학교에 진학해 공부했고, 대학은 우석대학교에 입학한 학생이었다. 지방 사립대학에 진학해서 1~2학년 때는 거의 공부를 하지 않은 듯 보였다. 군 복무를 마치고 나서 뭔가 달라지고 싶어 찾아왔다기에 연구실에서 실험 보조를 해보지 않겠느냐고 권했더니 선뜻 그러겠다고 하여 인연이 시작되었다. 면담과정에서 내가 물었던 질문 중 유일하게 기억나는 것은 "너의 목표는 무엇이지?"였다. 그는 "교수님처럼 학문의 길을 가고 싶습니다. 그리고 기회가 되면 미국에 유학도 가고 싶습니다"라고 대답했다.

그로부터 4년쯤 지나, 저자가 박사학위 과정을 마쳤던 대학에 단기 방문연구를 위해 미국에 머물던 시기에, 내 지도로 석사과정을 마무리하고 있던 그 제자로부터 결혼 소식을 듣게 되었다. 알고 보니 실험실 후배와 오랫동안 교제해 왔고, 본인의 석사 졸업과 후배의 학사 졸업에 맞추어 양가 합의하에 결혼식을 올리기로 한 상태였다. 미국에 있던 나는 제자에게 전화로 물었다. “지금도 미국에 유학해서 공부하고 싶은 마음이 있니?” 그는 주저 없이 “네, 있습니다”라고 답했다. 다만 영어공부는 거의 하지 않은 상태였고, 그저 꿈만 간직하고 있었다. 그러나 4년 전 말한 꿈을 여전히 버리지 않고 있었기에 가능성이 있다고 생각했다. 결국 이들 부부의 미국 유학은 그렇게 시작되었다.

나는 이들에게 결혼식을 간소화하고 비용을 절약해 1년간 어학연수 비용으로 사용하면 좋겠다고 제안했다. 기혼자 기숙사(아파트형)를 예약해 두고, 결혼식 일정에 맞추어 잠시 귀국한 뒤 겨울방학 중에 결혼식을 올리게 했다. 이후 두 제자와 함께 다시 미국으로 들어와 정착과 공부 준비를 함께하였다. 무엇보다 중요한 것은 이들이 어학연수를 최종 목표로 두는 것이 아니라, 학위 과정 진입을 목표로 삼는 것임을 서로 확인하는 일이었다. 나는 공부를 희망하는 학과 교수님들과 네트워킹할 수 있도록 연결해 주고, 제자들에게도 그 방향을 설명했다.

1년간 열심히 준비한 결과, 남제자는 입학 허가와 함께 조교 업무를 맡아 학비 면제와 생활비 지원 혜택을 받을 수 있었다. 이어 1년 뒤에는 여제자도 같은 혜택을 받아 이들 부부의 유학은 본격적으로 궤도에 올랐다. 지금은 남제자가 미국 네바다 주립대 생화학 및 분자생물학과 종신보장교수(테뉴어 교수)가 되었고, 여제자는 연구교수가 되어 있다.

그 시절 나는 유학생들 사이에서 특이한 교수로 알려졌다. 제자의 결혼식을 위해 기숙사를 잡아주고, 귀국해 결혼식에 직접 참석한 뒤 다시 함께 미국으로 들어와 정착을 도왔으며, 어학연수 후 진학하고자 하는 학과 교수들에게 직접 소개까지 한 경우는 흔치 않았기 때문이다. 나 역시 아무 연계고리 없이 유학을 준비하고 시작했던 터라, 제자들에게만큼은 도움이 되고 싶었던 마음이 있었던 것 같다. 지금도 남제자인 최 교수는 종종 묻는다. “그 당시 성적이 제일 나빴던 자기를 어떻게 연구생으로 받아주었느냐고.” 그리고 “유학 중 가장 힘든 시기에 한밤중 국제전화를 하면 언제든 받아주어 큰 힘이 되었다”고 회상한다. 나는 지금도 그때와 마찬가지로 말한다. 과거는 과거일 뿐이고, 학문의 재미를 느끼며 꾸준히 목표를 향해 나아가는 것이 무엇보다 중요하다고. 그리고 대화와 말의 힘을 알기에 그렇게 했던 것이라고.

“청출어람靑出於藍.” 제자가 스승을 능가할 뿐 아니라, 어느덧 친구가 되고 나이가 들어서는 인생의 리더로, 또 다른 스승으로 성장해 준다면 이보다 더 큰 즐거움은 없을 것이다.

3. 인무월려人無遠慮 비전의 사람

"인무월려 필유근우人無遠慮 必有近憂, 사람이 멀리 내다보는 생각이 없으면, 반드시 가까운 곳에 근심이 있게 된다"는 말은 『논어』에 나오는 구절이다. 안중근 의사께서는 "인무원려 난성대업人無遠慮 難成大業, 사람이 멀리 내다보는 생각이 없으면, 큰일을 이루기 어렵다"라고 여순감옥 생활 중 남긴 유묵에 기록하였다. 사람이 멀리를 생각한다는 것은 달성할 수 있는 가능성을 지닌 미래의 생생한 목표, 즉 비전일 것이다. 안중근 의사가 암울한 조국의 현실 속에서도 독립을 간절히 염원하였기에 "인무원려 난성대업"의 글씨를 남기신 것이 아닐까 한다.

나는 기회가 있을 때마다 "비전(Vision)과 함께 자고, 비전과 함께 일어나는 비전의 사람이 되자"라고 제자들에게 말하곤 한다. 밤에만 꾸는 꿈이 아니라 낮에도 꾸는 꿈, 즉 날마다 품고 살아가는 꿈이 있느냐고 묻기도 한다. 헬렌 켈러는 "시력은 가졌으나 비전이 없는 사람이 세상에서 가장 동정받아야 할 사람(The most pathetic person in the world is someone who has sight, but no vision)"이라 하였다. 사람이 멀리를 생각하면 비전지수(VQ)가 높아진다. 비전지수가 높은 사람은 자신이 품은 비전에 모든 것을 집중하게 되기에 사소한 일에 집착하지 않고 대

수롭지 않게 넘길 수 있다.

가령 "올해는 반드시 히말라야에 다녀오겠다"라는 목표를 세운 사람이 있다고 하자. 목표가 없는 사람은 아무런 준비도 하지 않을 것이다. 그러나 분명한 목표가 있는 사람은 히말라야 입구까지 가는 방법, 등반 경로 선택, 복장과 장비 준비 등 구체적인 계획을 세우게 된다. 그리고 일정에 맞추어 철저하게 준비한다. 누구든 이루고자 하는 꿈이 있다면 그것이 히말라야와 같은 산이든, 태평양과 같은 바다이든 준비하게 될 것이며, 그때부터 멀리를 생각하는 '원려遠慮의 삶'을 살아가게 되는 것이다.

나 역시 대학 시절 미국 유학의 꿈을 품었을 때 특별히 준비한 것은 없었지만, 유학 관련 기사가 대학신문에 나오면 모아 두곤 했다. 그로부터 10년이 채 지나지 않아 미국 유학의 꿈은 실현되었고, 지금은 그 길을 제자들에게 이어주고 있다. 비전지수(VQ)가 높은 사람에게는 추진력지수(DQ, Driving Quotient)도 함께 높아지는 듯하다. 추진력은 목표에 도달하는 데 필요한 강한 힘이다. 추진력이 부족하면 중도에 포기하기 마련이다.

순자는 "작은 걸음을 쌓지 않으면 천리에 이를 수 없고, 작은 물줄기를 모으지 않으면 강과 바다를 이룰 수 없다"라고 하였다.

모든 성취는 작은 일들이 모여 이루어지는 것이다. 꿈을 마음에 품으면 작은 것이라도 관심을 갖게 되고, 그것이 강한 추진력으로 이어진다. 따라서 강한 추진력은 비전 실현에 필수 요소이며, 그 크기는 확고한 꿈을 갖느냐 그렇지 못하느냐에 따라 달라진다.

가슴 뛰는 비전은 때로 사명(미션)으로 다가온다. 링컨, 안중근, 이순신, 느헤미야, 정약용 등 수많은 인물들이 고도의 추진력을 바탕으로 사명을 완수하고자 하였다. 링컨 대통령은 노예 해방의 사명을, 안중근 의사는 조국 해방의 사명을, 이순신 장군은 조국 수호의 사명을, 느헤미야는 무너진 성벽 재건을 통한 조국 회복의 사명을, 정약용 선생은 18년 유배생활 중에도 지방 관리의 규율을 세우는 지침서를 집필하는 사명을 감당하였다.

뉴노멀 시대를 살아가는 우리 모두는 리더의 위치에 있다고 할 수 있다. 평범하지 않은 일상, 한 번도 경험해 보지 못한 길을 걸어야 하는 경우가 많아졌다. 이 시대의 리더는 멀리 내다보는 안목이 있어야 자기 자신과 가족, 그리고 속한 공동체 안에서 선한 영향력을 발휘하며 서로를 살리는 역할을 할 수 있을 것이다.

기적과 같은 일을 해낸 사람들의 공통점은 비전지수와 추진력지수가 모두 높다는 점이다. 정치, 경제, 사회, 교육, 문화, 예술,

스포츠 등 다양한 분야에서 기적 같은 성취를 이룬 사람들이 있다. 비전지수는 추진력지수로 연결되고, 추진력지수는 다시 기적지수(MQ, Miracle Quotient)로 이어지는 듯하다. 기적은 우연히 일어나는 것이 아니라, 꿈과 열정을 가지고 꾸준히 노력한 결과의 산물이다. 그 과정에서 얼마나 많은 배움學과 익힘習이 있었겠는가. 수많은 시행착오 또한 있었을 것이다. 목동 다윗이 골리앗과 싸우기 전 수없이 물매돌을 던지며 익혔던 양치기의 경험, 조국에 대한 애국심(VQ), 그리고 신에 대한 믿음이 추진력(DQ)이 되어 결국 기적(MQ)을 만들어낸 것이 아닐까 한다.

"인무원려 필유근우人無遠慮 必有近憂, 사람이 멀리 내다보는 생각이 없으면, 반드시 가까운 곳에 근심이 있고", "인무원려 난성대업人無遠慮 難成大業, 사람이 멀리 내다보는 생각이 없으면, 큰일을 이루기 어렵다"는 『논어』와 안중근 의사의 유묵에서처럼, 멀리를 생각하지 않는다면 비전지수는 낮아지고 추진력도 발동되지 않으며, 기적 같은 성과를 기대하기 어렵다는 교훈을 우리 모두가 새겨야 할 것이다.

4. 지자인자智者仁者 삶의 지혜

“지자요수 인자요산知者樂水 仁者樂山, 지혜로운 사람은 물을 좋아하고, 인자한 사람은 산을 좋아한다”는 구절은 『논어』의 “知者樂水, 仁者樂山, 知者動, 仁者靜, 知者樂, 仁者壽”에서 나온 말이다. 이는 곧 ‘지자는 학습의 재미를 알고 지적 호기심이 많아 물처럼 활동적이고 관찰과 변화를 즐겨 인생을 즐겁게 산다. 반면 인자는 물욕이 적고 산처럼 많은 것을 품을 줄 알아 정적이며, 그로 인한 보람 속에서 오래 산다’는 뜻이다.

공자의 제자 가운데 지자의 삶을 대표하는 인물은 자공이었다. 그는 새로운 정보를 누구보다 먼저 수집하고 이를 활용해 노나라 최고의 부자가 되었으며, 정치·경제·외교적 역량을 발휘하여 노나라는 물론 춘추전국시대 여러 나라를 두루 다니며 즐겁게 살았다(오십에 읽는 논어, 최종엽 저). 그러나 자공에게는 남의 단점을 덮어주지 못하는 약점이 있었다. 공자가 그에게 교훈을 주기 위해 남긴 일화가 있다. 자공이 “저는 어떤 사람입니까?”라고 묻자, 공자는 “너는 종묘에서 쓰는 호련(옥그릇)이다”라고 답했다. 공자는 다른 자리에서 “군자불기君子不器, 군자는 그릇이 아니다”라고 말한 적이 있다. 즉 군자는 특정 그릇처럼 쓰임새가 한정되지 않는 존재라는 뜻이다. 따라서 자공에게 “옥그릇”이라고 한 말은 군자가 한정된 그릇 같은 존재로 머물러서는 안 된다는 깨우침을 주기 위한 가르침으로 해석할 수 있다.

인생의 전·후반이 명확히 구분되는 것은 아니겠지만, 나이가 들며 나눔과 배려의 즐거움을 느끼기 시작했다면 인자의 삶을 시작했다고 할 수 있다. 『오십에 읽는 논어』의 저자는 "50세까지는 지자의 삶이 어울리지만, 인생후반은 인자의 삶"을 권한다. 지성이 강하게 작동하여 세상이 나를 보는 시각에 더 관심을 두었던 인생 전반의 시기를 지나 오십 이후에는 세속적인 것에서 벗어나 하늘의 것에 관심을 기울이기에 좋은 시기다. 공자가 쉰 살을 "지천명知天命"이라 한 것도 이와 무관하지 않을 것이다.

하늘의 것에 관심을 둔다는 것은 종교적 의미에 한정되지 않는다. 지나온 삶의 아쉬움을 메우고 남은 삶의 보람을 찾으며 새로운 꿈을 꾸는 것이다. 인생은 결국 하늘을 향해 가는 순례자의 길이라는 자각을 더 강하게 느끼게 되는 시기다. 순례자는 먼 길을 가야 하기에 몸과 마음을 가볍게 하고, 함께 길을 가는 동행들과 나누며 이끌고 동료로서 소중히 여긴다. 3천 명에 이르는 공자의 제자들 중 덕의 실천에서 가장 뛰어났던 안회는 인자의 삶을 대표하는 인물로 꼽힌다. 세상이 나를 보는 시각과 내가 하늘을 향한 순례자임을 자각하는 균형감각은 지자의 삶과 인자의 삶을 함께 살고자 하는 사람에게 반드시 필요한 요소일 것이다.

인자의 덕목 가운데 하나인 포용력은 "인자요산仁者樂山"이라는 말 속에 고스란히 담겨 있다. 포용적 리더십을 보여준 대표적인 정치가로는 미국의 16대 대통령 에이브러햄 링컨과 40대 대통령 로널드 레이건이 있다. 가난한 이민자의 아들로 태어나 1860년 제16대 대통령에 오른 링컨은 노예해방령 선포와 남북전쟁을 거치면서도 인간적이고 포용적인 리더십으로 통합된 미국을 세웠다. 상대 후보가 "그는 이중인격자이며 얼굴이 몇 개인지 모른다"라고 비방하자, 링컨은 "내게 여러 얼굴이 있었다면 어찌 매번 이렇게 못생긴 얼굴로 유세에 나왔겠는가"라고 받아쳐 청중들에게 더 친근하게 다가갔다고 한다.

레이건 대통령은 아나운서와 영화배우 출신으로 1981년 제40대 대통령이 된 후 8년 동안 미국을 이끌었다. 그는 여야를 가리지 않고 포용하는 태도를 보였다는 일화가 많다. 한 번은 "천국에 가는 티켓 한 장이 있다면 찢어 버리겠다"라는 농담을 했다. 이유를 묻자 "오닐(당시 하원의장)과 함께 갈 수 없으니"라고 답하며 상대를 존중하는 마음을 유머로 드러냈다. 그는 유머 감각이 뛰어난 지도자로도 유명했다. 1981년 존 힝클리의 총격으로 중상을 입었을 때조차 부인 낸시 여사에게 "여보, 피하는 걸 깜빡했어"라고 말하고, 간호사들에게는 "내 몸을 만지는 것을 낸시에게 허락받았소?"라고 농담하여 긴장된 분위기를 웃음으로 바꾸었다. 이는 포용력과 함께 분위기 반전의 리더십을 잘 보여주는 대목이다.

5. 지천명知天命 리더의 마음

지천명知天命은 공자가 『논어』에서 "오십 세에 이르러 하늘의 뜻(천명天命)을 알았다"라고 한 데서 비롯되었으며, 흔히 나이 50세를 지천명이라 부르기도 한다. 공자는 "15세에는 학문에 뜻을 두었고(지우학志于學), 30세에는 삶의 방향이 확고히 섰으며(이립而立), 40세에는 사리에 어두움이 없었고(불혹不惑), 50세에는 하늘의 뜻을 알았으며(지천명知天命), 60세에는 남의 말을 기꺼이 들을 수 있었고(이순耳順), 70세에는 마음 가는 대로 행하더라도 법도에 어긋나지 않았다(종심소욕불유구從心所慾不踰矩)"라고 하였다.

사람이 하늘의 뜻을 안다는 것은 쉽지 않다. 내가 어떤 소명을 받고 이 땅에 보내진 존재인가를 성찰하고, 이를 행동으로 옮기는 과정 하나하나가 곧 사명으로 이어진다. 대사가 본국의 이익을 위한 사명을 받아 파견되듯, 지천명은 사람이 세상에 살면서 어떤 하늘의 명을 깨닫고 실천해야 하는지를 묻게 한다. 톨스토이는 「사람은 무엇으로 사는가」(홍대화 역)에서 "사랑이 삶의 근원"이라고 하였으며, "모든 사람은 사람 안에 있는 사랑 때문에 살아가고 있다"고 말했다. 성경 또한 "하나님을 사랑하고, 자기를 사랑하듯 이웃을 사랑하라"고 가르친다. 그렇다면 창조주가 만든 사람과 자연을 사랑하는 것이야말로 하늘의 명을 아는 길이며, 그것을 행하는 길이 아닐까?

오늘날 경제 발전과 삶의 편리함 뒤에는 소중한 가치의 상실과 높은 자살률이라는 그림자가 드리워져 있다. 이는 지천명의 삶에서 멀어진 현실이라 할 수 있다. 자연 파괴와 지구온난화 역시 지천명의 뜻을 아는 삶과는 거리가 먼 행태이다. 사람 중심의 가치와 지구를 회복하는 운동이 사회 전반에서 시작되어야 하며, 그 과정 속에서 우리는 지천명의 의미를 다시 새길 수 있을 것이다. "가난한 사람들이 간절하게 바라는 것은 의식주가 아니라 따뜻한 사랑이다"(마더 테레사, 우봉규 저)라고 말하며 자비와 사랑을 실천했던 마더 테레사 수녀, 그리고 백성을 사랑하는 마음으로 지방 관리의 지침서인 『목민심서』를 저술한 다산 정약용 선생은 지천명의 마음으로 사람을 사랑하는 삶을 산 인물들이다.

지도자의 기본 요건 또한 국민을 사랑하고 국민에게 비전과 희망을 주는 것이다. 이는 곧 사람 사랑의 지천명의 정신과 맞닿아 있다. 실업률 25%의 경제 대공황을 극복하기 위해 구제·재건·개혁의 뉴딜 정책을 내걸고 "우리가 두려워해야 할 것은 두려움 그 자체뿐이다(The only thing we have to fear is fear itself)"라며 국민에게 용기를 준 미국 제32대 대통령 프랭클린 D. 루즈벨트, 그리고 "승자는 구름 위의 태양을 보고, 패자는 구름 속의 비를 본다"라고 말하며 국민에게 용기를 준 제35대 존 F. 케네디 대통령은 지천명의 리더십을 보여준 대표적 인물이다. 케네디는 아폴로 계획을 출범시켜 아폴로 11호의 달 착륙을 가능하게 하였으며, 1962년 휴스턴 라이스 대학교에서 "우리는 달에 가기로 선택했습니다. 그것이 쉽기 때문이 아니라, 어렵기 때문입니다(We choose to go to the moon ... not because they are easy, but because they are hard)"라는 연설로 국민들에게 큰 감동과 용기를 주었다.

공자가 말한 지천명은 시대를 초월해 오늘을 사는 우리에게도 유효한 가르침이다. 인간은 하늘의 뜻을 알아야 사람답게 살 수 있고, 리더는 지천명을 깨달은 후에야 비로소 자신이 속한 공동체에 사랑과 희망, 용기를 줄 수 있다. 약 2,500년 전 공자의 말은 오늘날 훌륭한 리더가 되기를 꿈꾸는 이들, 각 분야에서 이미 리더의 역할을 감당하는 이들, 그리고 오십을 넘어 인생의 후반전에 들어선 이들 모두에게 인생의 의미를 새기고 실천하게 하는 귀한 지침이라 할 수 있다.

6. 습상원야習相遠也 일벌과 여왕벌

공자의 논어에 나오는 "성상근야性相近也 습상원야習相遠也, 사람이 태어날 때의 성품은 서로 비슷하지만, 태어난 후의 습성에 따라 달라진다"는 말은 습관의 중요성을 강조하는 구절이다. 배우고 익히는 학습의 습관, 먹고 생활하는 생활의 습관, 생각하고 말하는 언어의 습관 등, 사람이 태어난 후 행하게 되는 습관은 그 사람의 미래를 결정짓는 중요한 요소임을 공자께서도 일찍이 깨닫고 강조하신 듯하다. 실제로 같은 부모로부터 태어난 자녀라 할지라도 습상원야의 차이를 확인할 수 있다. 같은 시기에 입학한 동기, 같은 반, 같은 학년의 학생들이 3년 혹은 4년의 과정을 마친 뒤 서로 다른 모습으로 성장하는 것, 그리고 10년, 20년 후에 전혀 다른 삶의 궤적을 걷게 되는 것에서 습상원야의 의미를 실감할 수 있다. 시작할 때는 비슷했으나, "습관이 행동이 되고, 행동이 인생이 된다"는 말처럼 결국은 습관이 인생을 만드는 결정적 요소가 되는 것이다.

"학이시습지 불역열호學而時習之 不亦說乎, 배우고 때때로 그것을 익히니, 또한 기쁘지 아니한가?"라는 말에서도 시습時習(때때로 익힘)의 중요성이 강조된다. 학생이 배운 것을 틈틈이 활용하고 그것에서 즐거움을 느낀다면 학습의 깊이는 자연스레 더해질 것이다. 2,500여 년 전 공자가 강조한 습관의 중요성은 오늘날에도 이어지며, 특히 식습관의 중요성과 깊은 관련을 맺고 있다. 무엇을, 어떻게 먹느냐에 따라 생명체가 가지고 태어난 DNA 속 유전자의 발현이 달라지고, 그 결과 생명체 내·외적 상태가 크게 달라질 수 있기 때문이다.

예를 들어 여왕벌과 일벌은 동일한 유전자를 가진 유충에서 출발하지만, 로열젤리를 섭취하느냐 혹은 꿀과 꽃가루를 섭취하느냐에 따라 전혀 다른 발현 과정을 거쳐 각각 여왕벌과 일벌로 나뉜다[Science 319, 1827-1830(2008)]. 같은 유전자를 가진 쥐가 정상 크기의 개체가 되기도 하고 비만한 개체가 되기도 하는 것 또한 식습관에 좌우된다. 형태는 크게 달라지지 않는다 해도, 섭취하는 음식의 종류와 식습관에 따라 유전자 발현 정도가 달라진다는 사실은 이미 학계에서 잘 알려져 있다. 이는 후생유전학의 연구 주제이기도 하며, “Feed Your Genes Right, 당신의 유전자에 올바른 영양을 공급하라)”(Jack Challem 저)이라는 표현으로도 요약된다. 이는 곧 식습관을 조절함으로써 유전자가 올바른 방식으로 작동하게 하고, 그 결과 건강을 지켜낼 수 있다는 의미다.

17세기 영국 시인이자 극작가 존 드라이든(John Dryden)은 “처음에는 우리가 습관을 만들지만, 나중에는 습관이 우리를 만든다”고 말했으며, 아리스토텔레스(Aristoteles, BC 384-BC 322)

는 습관을 "제2의 천성(본성)"이라 했다. 학습 습관과 식습관뿐만 아니라 생각하고 말하는 언어 습관 역시 습상원야의 중요한 부분이다. '말 한마디에 천냥 빚을 갚는다'는 속담은 말 한마디의 가치와 더불어 평소 언어 습관의 중요성을 일깨운다. 다산 정약용 선생 또한 "내가 뱉는 말이 나의 그릇이며, 그 그릇에 무엇을 담을지는 오롯이 나의 몫이다"라고 하였다. 긍정과 감사의 언어가 일상이 된다면 듣는 이들은 귀와 마음을 열 것이다. 관점을 조금만 달리해도 긍정적인 면을 발견할 수 있고, 이를 긍정적 언어로 표현함으로써 새로운 도약의 기회를 만들 수 있다.

"성상근야 습상원야, 사람이 태어날 때의 성품은 서로 비슷하지만, 태어난 후의 습성에 따라 달라진다." 이 말을 다시 떠올려 본다. 배우고 익히는 학업 습관, 식습관을 포함한 생활 습관, 생각하고 말하는 언어 습관의 변화를 통해 리더로서의 역량은 한층 강화될 것이다.

7. 세한연후歲寒然後 변함없는 우정

"세한연후 지송백지후조야歲寒然後 知松柏之後彫也, 날씨가 추워진 뒤에야, 소나무와 측백나무가 늦게 시듦을 알 수 있다." 공자의 논어에 나오는 말이다. 이는 곧 "평상시에는 잘 드러나지 않던 성품이 어려움이 닥쳤을 때 비로소 드러난다"는 의미로 해석할 수 있다.

추사 김정희 선생은 제주도 유배 시절, 제자 이상적李尙迪이 변함없이 왕래하며 귀한 중국 서적(황조경세문편 등)을 구해다 주었다고 한다. 난세에 유배된 스승을 위해 중국의 귀한 서적을 전해주고, 변함없는 정성과 의리를 보인다는 것은 누구나 할 수 있는 일이 아니다. 추사가 남긴 세한도歲寒圖(국보 180호)는 바로 이런 제자의 모습과 더불어 추운 겨울에도 푸르름을 잃지 않고 우뚝 서 있는 소나무와 측백나무를 통해 자신의 기개와 선비의 지조를 함께 담아낸 작품이라 할 수 있다.

세한도에는 이런 글귀가 적혀 있다.

"그대는 내가 곤경에 처하기 전에 나에게 더 잘 대해 주지도 않았고, 내가 곤경에 처한 뒤에도 더 소홀히 대하지도 않았다. 내가 곤경에 처하기 이전의 그대는 칭찬할 만한 것이 없을지 모르나, 내가 곤경에 처한 이후의 그대는 성인으로부터도 칭찬을 들을 만하지 않겠는가?"(참조 : 세한도 발문, 한국고전번역원).

실제로 이상적은 세한도를 받은 후 중국 청나라에 가져가 장악진, 조진조를 비롯한 청나라 문인 16명의 감상평을 받아왔고,

다시 귀국하여 조선 문인 3명의 감상평을 더해 오늘날 국보 180호와 함께 전해지게 되었다. 세한도의 예술적 가치는 물론이고, 여기에 더해진 동서 문인들의 감상 기록은 작품의 깊이와 무게를 한층 더해준다.

김정희와 이상적의 관계는 아름다운 사제 간의 우정을 보여준다. 세한의 시기, 곧 어려운 시절에도 함께할 수 있었던 곧은 지조와 기개, 그리고 그 속에서 우러나온 고마움의 정서가 세한도에 담겨 있다. 이는 오늘을 사는 우리에게도 진정한 우정이 무엇이며, 진정한 리더십이 어떤 것인지 생각하게 한다. 다산 정약용 선생은 "군자는 멀리서 보면 위엄이 있고, 가까이서 보면 온화하며, 말을 들어보면 엄정하다"는 점을 군자의 덕목으로 강조 하였다. 리더에게 필요한 "위엄, 온화함, 원칙과 엄정함"이 바로 이런 모습일 것이다. 또한 다산에게 학문을 배운 초의선사가 제주에 유배된 동년배 김정희를 찾아가 6개월간 함께 지냈다는 사실 역시 그들의 지조와 우정을 증명한다.

"세한연후 지송백지후조야, 날씨가 추워진 뒤에야, 소나무와 측백나무가 늦게 시듦을 알 수 있다." 필자 또한 10년 가까이 전원주택에서 생활하며 집 뜰에 심어둔 소나무와 측백나무와 함께 지내고 있다. 계절이 바뀌고 혹독한 겨울이 닥쳐도 변함없이 푸르름을 유지하는 이 나무들을 바라볼 때마다 안정감을 느끼는 동시에 한편으로는 미안한 마음도 든다. 화려하지도 않고 많은 것을 요구하지도 않으면서, 땅에 심으면 땅에 맞게, 화분에 심으면 화분에 맞게 자라면서 주인에게 오히려 고마움을 전하는 듯하기 때문이다. 주인이 특별히 해준 것이 없는 것 같은데도, 그저 때때로 물과 양분을 공급해 준 것만으로도 나무는 푸르름으로 화답한다. 이런 나무들이 있기에 봄에 돋아나는 화초의 새순은 더 반갑고, 꽃의 화려함은 더욱 빛나는 것이 아닐까 싶다.

※ "중국에서 송백松柏은 소나무와 측백나무를 의미하지만, 우리나라에 전해지면서 '백'은 측백나무와 잣나무를 모두 가리키게 되었고, 공통적으로 늘 푸른 나무들을 의미하기도 했다. 그러나 '백'을 잣나무로 해석한 것은 중국나무를 우리 방식으로 이해한 결과이기에 세한도의 송백은 소나무와 측백나무를 가리킨다." (참조 : 선비가 사랑한 나무, 강판권 저)

8. 군자불기君子不器 나, 사람, 자연

공자의 논어 중 "군자불기君子不器, 군자는 그릇이 아니다"라는 말은 "군자란 하나의 특정한 그릇처럼 한정된 존재여서는 안 된다"는 의미이다. 오늘을 살아가는 우리가 리더로 성장하기 위해 2,500년 전 공자가 남긴 군자불기에서 어떤 교훈을 얻을 수 있을까? 군자를 자신의 삶에 대입해 보자. 혹시 우리는 스스로를 하나의 한정된 존재로 규정하고 있지는 않은가? 생텍쥐페리가 말한 "미래는 예측하는 것이 아니라 가능하게 만들어 가는 것이 중요하다"는 구절처럼, 리더는 주어진 운명을 수동적으로 받아들이는 사람이 아니라 스스로의 미래를 창조해 가는 사람이다.

지역대학에 재직하면서 학생들에게 수없이 강조했던 말이 있다. "지금 자신의 미래 모습을 한정 짓는 오류를 범하지 마라"는 것이었다. 고등학교에서 대학에 진학한 순간, 마치 미래가 정해진 듯 스스로를 가두는 경우가 많다. 그러나 차세대 리더들은 자신만의 고유한 역량을 기반으로 다양한 '그릇'을 빚어갈 수 있는 잠재력을 충분히 가지고 있다. 그런 점에서 군자불기는 자기 자신을 대하는 태도에 있어 매우 귀중한 교훈이다.

군자불기는 또한 리더가 일과 사람을 대할 때 반드시 소명감과 사랑을 가져야 함을 일깨워 준다. 그렇다면 소명감은 어디에서 비롯되는가? 조선시대 21대 왕 영조의 삶에서 그 단서를 찾을 수 있다. 영조는 왕세자가 아닌 왕세제(국왕의 아우가 왕위를 이을 후계자가 됨)로서 왕위에 올랐으며, 박문수와 같은 충신과 함께 국정을 바로잡고 백성의 민생을 보살폈다. 그는 옷차림과 침실, 식사 습관에 이르기까지 검소함을 실천했고, 백성의 식량을 아끼기 위해 금주령을 내리기도 했다. 영조는 무려 83세까지 장수했는데, 이는 당대 평균 수명의 두 배에 해당한다. 《영조실록》에는 "일생토록 얇은 옷과 거친 음식을 먹었기에 어머니께서 늘 걱정하셨지만, 지금껏 병이 없는 것은 검소한 생활의 보람이다"라는 기록이 남아 있다. 그러나 영조의 장수와 검소한 습관을 지탱한 힘은 무엇보다도 백성을 향한 깊은 애정과 군자의 마음이었다. 그는 호포론을 논하며 "너희 처지에서 백성을 보면 너와 나의 구별이 있을지 모르나, 내가 볼 때는 모두가 나의 적자赤子(자식처럼 여겨야 할 대상)이다"라고 말했는데, 이는 곧 군자의 마음이자 리더의 자세라 할 수 있다.

군자의 마음은 자연을 대하는 태도에도 드러난다. 1938년 노벨문학상을 수상한 소설 《대지》(The Good Earth)의 작가 펄 벅은 한국을 방문했을 때 깊은 감동을 받았다. "하루 종일 일한 소를 배려해 소달구지에 타지 않고 걸어가는 농부의 마음", "겨울 새를 위해 감나무에 일부러 남겨둔 까치밥"은 한국인의 따뜻한 정서와 자연을 향한 존중의 표현이었다. 봄에 씨앗을 뿌릴 때 "하나는 새를 위해, 하나는 벌레를 위해, 하나는 나를 위해"(참조 : 농부의 씨앗 3개, 김부식 칼럼) 남겨둔다는 마음가짐 또한 그렇다. 이러한 태도는 곧 군자의 마음이며, 우리 민족이 간직해 온 리더십의 또 다른 모습이다.

결국 "군자불기君子不器, 군자는 그릇이 아니다"라는 말은 오늘날 리더십의 본질을 일깨워 준다. 자신을 한정된 존재라는 편견에서 해방시키고, 사람과 일을 대할 때 사랑과 소명의식을 품으며, 더 나아가 자연을 아끼는 마음을 지닌 사람만이 한정된 그릇이 아닌 큰 그릇, 그리고 다양한 내용물을 담을 수 있는 그릇이 될 수 있다. 그것이 곧 군자요, 참된 리더의 모습이다.

9. 학이불사學而不思 학문의 자세

논어의 "학이불사즉망學而不思則罔, 사이불학즉태思而不學則殆"는 공자가 제자들에게 전한 중요한 교훈이다. 공자는 "배우기만 하고 생각하지 않으면 얻는 것이 없고(참 뜻을 깨닫지 못하고), 생각만 하고 배우지 않으면 위태로워지기 쉽다"고 했다. 이는 학문의 과정에서 반드시 필요한 배움의 자세에 대한 이야기이다. 배운 것을 곱씹고 사색하는 과정을 거쳐야만 그것을 올바르게 행하고 실천할 수 있다는 의미로 해석할 수 있다. 같은 맥락에서 논어의 "학즉불고學則不固" 또한 배움의 자세를 강조한 말이다. 군자는 무겁게 행동하고 진지하게 학문에 임해야 하며, 그렇지 않으면 배우는 것이 견고하지 못하다고 하였다.

그렇다면 우리는 왜 배우는가?

첫째, 배움은 "온고이지신溫故而知新"을 가능하게 하기 때문이다. 공자는 "옛 것을 익히고 그것을 통해 새것을 알면 스승이 될 수 있다"고 말했다. 여기서 스승은 단순히 가르치는 자를 넘어, 그 분야에서 남을 이끌 수 있는 리더를 뜻한다. 나이와 상관없이 모르는 분야에 대해 더 많은 지식을 갖추고 있다면, 이미 리더의 자격을 갖춘 셈이다. 특히 선구자들이 수많은 시행착오와 경험을 통해 발견한 '옛것'은 후학들이 반드시 배워야 할 소중한 자산이다. 공자 자신도 늘 겸손한 태도로 "나는 아는 것이 없다"고 하였고, 제자들에게는 "아는 것을 안다 하고, 모르는 것을 모른다 하는 것, 이것이 아는 것이다"라고 가르쳤다. 모르면 모른다고 말할 수 있는 용기야말로 진정한 배움의 출발점이다. 우리는 평생 배우며 살아가는 존재이고, 리더는 그 배움을 통해 새것을 발견하고 세상을 더 나은 방향으로 이끌어 가는 존재이다.

둘째, 배움은 소통의 길을 열어준다. 배움을 통해 우리는 자신과 소통하고, 타인과 소통하며, 나아가 자연과도 소통한다. 허준의 『동의보감』에는 "통즉불통, 불통즉통通卽不痛 不通卽痛"이라는 말이 있다. "통하면 아프지 않고, 통하지 않으면 아프다"는 의미이다. 겉으로는 멀쩡해 보여도 소통이 막힌 사회와 가정은 아픔을 겪을 수밖에 없다. 아리스토텔레스가 "인간은 사회적 동물이다"라고 했듯, 사람은 본래 관계 속에서 협력하며 살아가는 존재이다. 하지만 오늘날 소통의 기회는 오히려 줄어든 듯하다. 가정 안에서도 거실과 아이들 방의 거리는 불과 몇 미터에 불과하지만, 관심사와 생활 방식의 차이로 인해 마음의 거리는 멀어지고 있다. 부모는 자녀보다 더 많은 것을 배운 존재이지만, 정작 자녀가 원하는 것이 무엇인지, 함께 나눌 수 있는 것이 무엇인지 살피지 못하는 경우가 많다. 아이들이 스포츠 경기를 응원하며 스트레스를 해소할 수 있는 기회를 갖는 대신, 부모는 학원비와 과외비를 지불하며 마음을 놓으려 한다. 그러나 함께 응원하며 함성을 지르는 순간이야말로 자녀가 속마음을 풀어낼 수 있는 시간이다. 소통은 개인을 건강하게 하고, 가정을 회복시키며, 사회를 든든하게 한다. 배움을 통한 소통이 곧 건강한 '폴리스(공동체)'를 이루는 길이다.

셋째, 배움은 자연의 이치를 깨닫고 천명을 아는 길이기 때문이다. "우리는 왜 배우는가?"라는 질문은 곧 "사람은 왜 일하는가?"라는 물음과 이어진다. 일의 이유를 3M, 즉 "돈(Money), 가치(Meaning), 사명(Mission)"으로 설명할 수 있다(참조 : 왜 일하는가?, 이윤재 저). 배움을 통해 직업을 얻고 돈을 벌 수 있지만, 돈에만 목적을 두면 결국 허무함에 직면하게 된다. 훌륭한 리더들은 돈을 모으는 데서 그치지 않고 그것을 바르게 활용함으로써 더 큰 가치를 실현했다. 우리가 지닌 재능과 능력은 부모의 헌신, 스승들의 가르침, 동료와 사회의 도움 속에서 형성된 것이다. 그러므로 그것은 온전히 개인만의 것이 아니라, 공익을 위해 쓰여야 할 성격을 가진다. 배움은 곧 자기 재능이 어떻게 형성되었는지 성찰하게 하고, 그 재능을 가치와 사명으로 연결하는 길을 보여준다. 이것이 자연의 이치이자 천명을 아는 과정이며, 배움의 참된 목적이라 할 수 있다.

결국 공자가 말한 "학이불사즉망, 사이불학즉태"는 오늘을 사는 우리에게도 깊은 울림을 준다. 생각 없는 배움은 지식의 틀에 갇히게 하고, 사색 없는 학문은 공허하게 만든다. 배움을 통해 얻은 지식과 재능이 나와 가족만을 위한 것이 아니라, 사회와 인류를 위한 나눔과 소통으로 확장될 때 비로소 그 목적은 완성된다. 배움은 단순히 많이 아는 것이 아니라, 올바르게 아는 것이며, 더 나아가 함께 살아가는 세상을 더 건강하게 만드는 힘이다.

10. 상선약수上善若水 물의 부드러움과 강함

노자의 『도덕경』에는 “상선약수上善若水 수선리만물이부쟁水善利萬物而不爭, 최고의 선은 물과 같다. 물은 만물을 이롭게 하지만, 결코 다투지 않는다”라는 구절이 나온다. 여기에서 “상선약수上善若水, 최고의 선은 물과 같다”라는 말이 유래하였다. 이는 곧 물과 같이 살아야 한다는 뜻일 것이다. 자연 속의 물은 언제나 낮은 곳으로 흘러 생명을 살리고, 불순물을 제거하며, 모난 것을 부드럽게 한다. 그럼에도 다투는 모습을 보이지 않는다. 그래서 물은 부드러우면서도 강한 존재로 비유된다. 노자 또한 “강한 것은 부드러운 것을 이기지 못한다”라 하였으니, 물은 부드럽기에 더욱 강하다 할 수 있다. 해변에서 발견되는 수많은 돌들은 본래 모난 형태였으나 물에 의해 다듬어지고, 물에 의해 서로의 모남을 양보하며 조화를 이루게 되었을 것이다.

『도덕경』에는 부드러움과 강함을 표현한 “견소왈명見小曰明 수유왈강守柔曰强”이라는 어구가 있다. 수유왈강은 “부드러움을 지키는 것이 곧 강함이다”라는 뜻으로, “부드러움이 강함을 이기고, 살아 있는 것은 부드럽고 죽은 것은 단단하다”라는 말과 연결된다. 견소왈명은 “작은 것을 보는 것이 밝음이다”라는 뜻으로, 사소한 것을 놓치지 않고 섬세하게 살피는 태도와도 이어진다. 이는 곧 부드러움을 지키는 사람의 모습과 연결된다. 사실 부드러움을 끝까지 지키는 일은 쉽지 않다. 사람들은 흔히 강하게 보이려는 경향이 있기 때문이다. 그러나 아무리 외형적으로 강하게 보이려 해도 결국 겸손, 비움, 사랑, 감사와 같은 '부드러움의 힘' 앞에 굴복되었다. 노자는 이를 '자애로움慈'이라 표현하며 "자애로 싸우면 승리하고, 자애로 지키면 견고하다"라고 하였다.

물은 생명의 근원이다. 인간의 생명은 물 없이는 유지될 수 없다. 연령과 성별에 따라 차이는 있지만, 물은 우리 몸무게의 약 70%를 차지한다. 예를 들어, 신생아는 체중의 80% 가까이가 물로 이루어져 있지만 나이가 들수록 그 비율은 점점 줄어든다. 그럼에도 물은 세포 내 대사 활동을 통한 에너지 생산, 체온 조절, 노폐물 제거와 배출 등 필수적인 역할을 담당한다. 우리 몸의 수분이 1% 부족하면 갈증을 느끼고, 1.5~2% 부족하면 탈수 증상과 두통, 기억력 저하가 나타난다. 3~4% 부족 시에는 극심한 피로와 무력감이, 5% 부족하면 혼수상태에 빠질 수 있다. 10% 이상 부족하면 의식을 잃고 결국 생명을 잃게 된다.

물(H_2O, 분자량 18)은 수소의 양전하와 산소의 음전하를 동시에 지니고 있어 강한 결합력을 가진다. 그래서 물을 끓이는 데는 100℃라는 높은 온도가 필요하다. 반면 분자량이 비슷한 메탄

(CH_4, 분자량 16)의 끓는점이 -162℃라는 점을 비교하면, 물 분자의 결속력이 얼마나 강한지 알 수 있다. 또한 물은 세포 내외에서 용매 역할을 한다. 이는 물이 스스로 강한 결속력을 가지면서도 다른 원소와 분자를 감싸 녹여주기 때문이다. 이러한 용매의 기능 덕분에 생명체 내에서 탄수화물, 지방산, 단백질, 효소, DNA, 무기질 등이 제각각 제 역할을 수행할 수 있다. 결국 물은 자기들 사이에서는 강하게 결속하지만, 생명을 위해서는 자리를 내어주고 다른 것을 녹여 살리는 존재이다.

바닷물 속 소금은 물에 의해 녹아 있는 상태다. 즉, 물은 자기들끼리의 결합을 일부 내려놓고 소금(NaCl)의 나트륨(Na)과 염소(Cl)에게 자리를 내준 것이다. 더 정확히 말하면, 물의 양전하는 염소의 음전하와 결합하고, 물의 음전하는 나트륨의 양전하와 결합한다. 만약 이러한 물 분자의 양보가 없었다면 바다는 생명력을 가질 수 없었을 것이다. 또한 물의 이러한 역할이 없었다면 소금의 부패 방지 기능도 발휘되지 못했을 것이다. 소금에 절이고 설탕에 재우는 것도 물이 자기 결합을 내려놓고 소금과 설탕을 받아들이기 때문에 가능한 일이다.

이렇듯 물은 생명을 살리고, 다투지 않으며, 변화에 순응하고, 부드러우면서도 강하다. 물은 낮은 곳으로 흐르는 겸손함으로 강을 이루고 마침내 바다를 이룬다. "상선약수上善若水 수선리만물이 부쟁水善利萬物而不爭, 최고의 선은 물과 같다. 물은 만물을 이롭게 하지만, 결코 다투지 않는다"라는 노자의 가르침은 물의 본성과 기능을 곱씹어 볼수록 더욱 실감된다. 물은 예나 지금이나 사회를 윤택하게 하고, 생명이 탄생하고 유지되게 하며, 부드럽고 겸손하면서도 유연하고 강한 존재의 상징으로 남는다. 이는 리더의 길을 가는 사람들이 반드시 새겨야 할 대목이다.

11. 기서호其恕乎 용서와 포용

"기서호其恕乎, 아마도 그것은 서恕일 것이다." 공자의 제자 자공이 "평생토록 행할 만한 한 글자의 교훈이 있습니까?"라고 묻자 공자가 대답한 말이다. 이어서 공자는 "기소불욕 물시어인己所不欲勿施於人, 자기가 원하지 않는, 곧 싫어하는 일을 남에게 강요하는 잘못을 범하지 마라"라고 했다. 서恕의 마음은 공감과 배려 곧 관용과 포용력의 마음이다. "자기가 싫어하는 일은 남도 싫어할 수 있음을 알고 강요하지 않는 것"이야말로 관용의 마음이며, 배려의 마음이고, 포용력의 마음일 것이다. 2,500여 년 전 수많은 제자들이 공자 곁에 모였고, 오늘날에도 공자의 사상이 여전히 큰 영향력을 발휘하는 것은 바로 이 '서恕의 마음'에서 비롯된 것이 아닐까 생각한다.

서恕의 마음은 곧 솔선수범의 마음이다. 한 어머니가 설탕을 지나치게 좋아하는 아이 때문에 걱정이 많아 아이를 데리고 간디를 찾아갔다. “우리 아이가 선생님을 유독 좋아합니다. 선생님께서 설탕을 끊으라고 충고해 주신다면 아이가 잘 들을 것입니다”라고 부탁하였다. 그러나 간디는 곧장 말해주지 않고, 보름 뒤에 다시 오라고 권했다. 어머니가 그 이유를 묻자 간디는 이렇게 말했다고 한다. “사실 저도 설탕을 좋아합니다. 제가 먼저 설탕을 끊어 본 뒤에야 아이에게 충고할 수 있을 것이라 생각했습니다.” 간디의 이러한 태도 속에서 우리는 공자의 서恕의 마음, 즉 리더는 자신이 먼저 실천한 뒤 그것을 바탕으로 타인에게 권고하거나 요청해야 함을 읽을 수 있다.

서恕의 마음은 용서의 마음이다. 용서는 정죄보다 더 큰 힘을 가진다. 마하트마 간디는 “약한 자일수록 상대를 용서하지 못한다. 용서한다는 것은 강함의 증거이다”라고 하였고, 소설가 마크 트웨인은 “용서는 제비꽃이 자신을 밟는 발뒤꿈치에 남기는 향기이다”라는 말을 남겼다. 진정한 용서란 내가 용서받은 존재이며 지금도 용서받고 있음을 깨닫고 인정하는 데서 비롯된다. 이를 알지 못한다면, 내가 받은 용서조차도 다른 이에게 베풀지 못하는 오류를 범할 수 있다. 성경에서 베드로가 예수께 “주님, 형제가 저에게 죄를 지으면 몇 번이나 용서해야 합니까? 일곱 번까지 하면 되겠습니까?"라고 묻자, 예수께서는 "일곱 번뿐 아니라 일곱 번을 일흔 번까지라도 용서하라"라고 하셨다. 용서는 그만큼 필요하고도 어려운 것이므로 횟수를 따지지 말고 실천해야 한다. 그것이 곧 하늘의 뜻과 닿는 서恕의 마음이요, 지천명知天命의 마음일 것이다.

"평생토록 행할 만한 한 글자의 교훈, 기서호其恕乎, 아마도 그것은 서恕일 것이다." 리더가 되려는 길목에서 반드시 깊이 새겨야 할 것은 바로 이 서의 마음이다. 곧 용서와 관용, 포용의 마음이며, 나 또한 수많은 면에서 용서받으며 살아왔고 앞으로도 용서받아야 할 존재임을 늘 잊지 말아야 한다.

12. 인의예지仁義禮智 인간 본성

성선설性善說을 주창한 맹자는 인간에게는 4덕(인의예지仁義禮智)이 있기에 근본적으로 선하다고 주장하였다. 인仁은 인자한 마음으로 남의 어려움을 보고 측은히 여기는 것이며, 의義는 의로운 마음으로 잘못된 행위에 대해 부끄러움과 수치심을 느끼는 것이다. 예禮는 예를 지키는 마음으로 서로를 존중하고 양보하는 것이며, 지智는 옳고 그름을 가려내는 지혜로운 판단력을 말한다. 이처럼 인의예지仁義禮智는 인간이 본래부터 지니고 있어야 할 기본적인 덕목이라 할 수 있다.

맹자는 전국시대戰國時代의 철학자로, 공자가 세상을 떠난 지 약 100여 년 뒤에 태어났으며 공자의 손자 자사에게 사상을 이어받았다. '맹모삼천지교'라는 일화는 홀로 아들을 키우던 어머니가 맹자의 교육을 위해 세 번 이사를 다닌 이야기로, 자녀 교육을 위해 헌신한 어머니의 모습을 잘 보여준다. 맹자의 성선설은 인간 본성이 본디 선하므로 교육을 통해 사회를 더 나은 방향으로 발전시킬 수 있다는 유교 교육의 기초가 되었다.

반면, 전국시대 후기의 철학자로 맹자보다 약 70여 년 뒤에 태어난 순자는 인간의 본성이 본래 악하기 때문에 방치하면 점점 더 악해질 수 있으며, 따라서 교육을 통해 악한 본성에서 벗어나야 한다는 성악설性惡說을 내세웠다. 이처럼 공자의 사상을 계승한 두 철학자가 성선설과 성악설이라는 상반된 주장을 펼쳤음에도 공통적으로 강조한 바는, 인간이 교육을 통해 더 나은 존재로 성장하고 사회를 유지·발전시킬 수 있다는 점이었다. 이는 공자의 학이시습學而時習과 성상근야性相近也, 습상원야習相遠也의 가르침을 떠올리게 한다. 인간은 비슷한 성품을 가지고 태어나지만, 무엇을 배우고 반복적으로 익히느냐에 따라 전혀 다른 삶의 모습을 보여줄 수 있다는 것이다. 결국 인간의 선함과 악함도 적절한 교육을 통해 다듬어지고 더 나아질 수 있는 것이다.

춘추시대와 전국시대를 거치며 사람들은 다양한 언행으로 역사를 장식했다. 어떤 이는 사람을 잔혹하게 대했고, 어떤 국가는 다른 국가와 맞서며 하루하루의 삶은 불안과 갈등 속에 흘러갔다. 그러나 그 속에서도 인간의 본성과 교육의 힘은 중요한 화두로 남아 있었다.

그렇다면 오늘을 사는 우리에게 인의예지仁義禮智는 어떤 교훈을 주는가? 먼저, 남의 어려움을 보고 측은히 여기는 인仁의 마음이 없다면 사회는 행복을 담아낼 수 없다. 성경에서도 "지극히 작은 자 하나에게 한 것이 곧 나에게 한 것이요, 하지 않은 것이 곧 나에게 하지 않은 것"이라 한 바 있다. 곤경에 처한 이웃에게 관심과 도움을 주는 것은 인간 본성을 지키는 일이자, 선을 실천하는 길이다.

또한 의義의 마음은 잘못된 행위 앞에서 수치심을 느끼고 옳음을 추구하는 것이다. 누구나 삶에서 잘못된 생각이나 행동을 접하게 된다. 종교개혁자 마틴 루터가 말했듯, "새가 머리 위로 나는 것을 막을 수는 없지만 머리 위에 둥지를 트게 해서는 안 된다." 악한 생각을 피할 수는 없지만, 그것이 언행으로 드러나는 순간 의義의 마음이 작동해야 한다.

예禮의 마음은 상호 존중과 양보에서 비롯된다. 공자가 "부지례 무이립야不知禮 無以立也, 예를 알지 못하면 설 수 없다"라 한 것처럼, 예를 알지 못하는 사회는 함께 살아가기 어렵다. 서로 배려하고 존중하는 예의 마음이 작동해야만 사회는 성숙하며 행복한 공동체로 나아갈 수 있다.

지智의 마음은 옳고 그름을 가려내는 지혜이다. 성경의 솔로몬이 한 아이를 두고 두 여인이 자기 자식이라 다툴 때 보여준 판결이 대표적이다. 아이를 반으로 나누자고 한 뒤, 아이를 살리기 위해 차라리 다른 여인에게 주라고 애원한 여인을 친어머니로 판단한 솔로몬의 재판은 지智의 마음을 보여준다.

2,500여 년 전부터 지금에 이르기까지 인의예지의 본성은 살아 숨 쉬어 왔고, 사회는 이를 지켜내기 위해 노력해 왔다. 경제가 성장하고 물질이 우선시되는 오늘날에도 인의예지를 실천하는 이들이 많음을 느낄 수 있다. 이웃의 어려움에 손을 내밀고, 잘못 앞에서 부끄러워하며, 서로를 존중하고 세워주고, 순간마다 지혜롭게 판단하는 이들이야말로 우리 사회를 이끄는 리더들이다.

따라서 리더는 배운 것을 실천하는 데에서 기쁨을 느껴야 하며, 좋은 말을 듣고 깨달았다면 반드시 행동으로 옮겨야 한다. 굶주린 자에게는 열 마디의 위로보다 밥 한 그릇이 더 값지다. 가까운 이웃일수록 존중의 언어를 아끼지 말아야 하며, 지위가 낮은 사람의 수고와 노고를 인정하고 공을 돌려야 한다. 조직의 성과는 대개 묵묵히 일하는 이들의 헌신에서 비롯되기 때문이다. 리더는 이들을 세워주고 격려하는 데 인색해서는 안 된다. 그들의 공로는 승진이나 새로운 기회로 이어질 수도 있고, 일의 보람을 더 느끼게 할 수도 있다. 성과가 나서 인센티브를 어떻게 나눌지를 고민할 여건이 생겼다면, 그것만으로도 리더는 이미 충분한 보상을 받은 셈이다. 그러므로 물질적 보상은 다른 이들에게 더 넉넉히 돌아가게 하는 것이 리더의 길일 것이다.

13. 탁정서청濁靜徐淸 느림의 미학

노자 『도덕경』에는 "숙능탁이정지서청孰能濁以靜之徐淸, 누가 능히 혼탁함을 고요히 하여 서서히 맑게 할 수 있겠는가"라는 구절이 나온다. 흔히 "탁정서청濁靜徐淸, 흙탕물은 가만히 두면 저절로 맑아진다"는 뜻으로 인용된다. 이어 노자는 "숙능안이구동지서생孰能安以久動之徐生, 누가 능히 조용히 있던 것을 움직여 서서히 생동하게 할 수 있겠는가"라고 하였다. 이는 혼탁한 세상 속에서도 고요함을 유지하면 혼탁함이 사라지고, 고요 속에서도 지속적으로 움직이면 생기를 얻게 됨을 강조한 말이다. 결국 혼돈 속에서도 고요함을 지켜내는 능력, 그리고 고요함 속에서 움직임을 일으킬 수 있는 힘을 기를 때 성숙한 리더로 성장할 수 있다는 뜻으로 해석할 수 있다.

오늘날 우리는 '초고속, 초광속, 초연결'이라는 말이 낯설지 않은 시대에 살고 있다. 모든 것이 빠르게 변화하는 속도감의 시대에 기다림은 점점 더 힘든 일이 되었다. 그러나 바로 이런 시대일수록 느림이 필요하다. 느림은 단순한 지체가 아니라, 고요 속에 내재한 강한 힘을 일깨우는 과정이 된다.

『채근담』에도 "정중동靜中動, 동중정動中靜, 고요함 속에 움직임이 있고, 움직임 속에 고요함이 있다"는 말이 있다. 깊은 고요는 정지가 아니라, 내면의 생동을 품고 있음을 뜻한다. 누에고치를 보라. 겉으로는 약 14일 동안 고요히 머무는 듯 보이지만, 그 안에서는 나방이 되어 나오기 위한 치열한 물질대사物質代謝가 이루어진다. 씨앗 또한 마찬가지다. 적절한 수분과 온도가 주어지면 씨앗은 겉모습은 변하지 않는 듯 보이지만, 내부적으로 영양소를 소모하고 새로운 물질을 합성하며 싹을 틔울 준비를 한다. 이 과정이 없으면 나방은 나오지 못하고, 씨앗도 발아하지 못한 채 죽고 만다.

학생들의 학창시절도 이와 같다. 대학 4년 혹은 6년의 시간은 겉보기에는 모두 정靜의 시기 같지만, 그 안에서 얼마나 다양하고 치열한 '대사적 움직임'을 가졌는가에 따라 졸업할 때 큰 차이가 나타난다. 고요 속의 움직임, 즉 정중동의 의미는 바로 이러한 성숙의 과정을 설명한다.

또한 혼돈과 고요함의 과정을 거친 뒤에야 완성되는 것이 있다. 그것이 바로 발효식품이다. 된장, 간장, 고추장, 김치와 같은 전통 발효음식은 원료의 혼합과 성형이라는 혼돈의 과정을 거친 뒤, 고요 속에서 미생물의 활동이라는 보이지 않는 움직임을 통해 완성된다. 유익한 균이 자라면서 유해균을 억제하고, 다양한 생리활성물질이 발효식품 속에 스며든다. 이 과정은 노자의 "혼돈 속에서도 고요를 유지해야 진정한 움직임이 나온다"는 가르침과 『채근담』의 "정중동, 동중정"의 교훈을 떠올리게 한다.

오늘날에는 '느림의 미학'이라는 말이 자주 쓰인다. 이는 빠름을 추구하는 현대인의 삶 속에서 오히려 천천히, 여유 있게 살아가려는 태도를 뜻한다. 그러나 현실은 초고속 인터넷, 초고속 열차, 초연결의 사회로 점점 더 빠름을 추구하고 있다. 사람들은 직접 만나 소통하기보다는 더 빠르고 효율적인 방법을 찾는다. 속도에 떠밀려 자신과 주변을 돌아보고, 가족과 이웃을 만나며, 자연과 교감하는 기회가 줄어들고 있다. 이는 출산율 저하, 자살률 증가, 행복감 감소와 같은 사회적 현상으로 이어지고 있는 듯하다.

실제로 2023년 2월 통계청 자료에 따르면, 우리나라 합계출산율은 2022년 기준 0.78명으로, 서울은 0.59명, 부산 0.72명, 대구 0.76명, 인천 0.75명으로 대도시일수록 전국 평균을 밑돌고 있다. 이는 우리가 빠름에만 몰두한 결과, 삶의 본질적 가치들을 잃어가고 있음을 보여준다.

오늘의 사회에는 느림이 필요하다. 느림은 단순한 나태가 아니라, 고요 속에 깃든 생동의 과정이다. "탁정서청濁靜徐淸, 흙탕물은 가만히 두면 저절로 맑아진다", "정중동靜中動, 고요함 속에 움직임이 있다"는 가르침처럼, 느림의 미학을 통해 우리는 삶을 정화하고 잃었던 의미와 가치를 회복하며, 새로운 날개짓을 시작할 수 있을 것이다.

14. 선행기언先行基言 행함과 신뢰

공자는 언변이 뛰어나 정치·경제·외교에 능했던 제자 자공에게 "선행기언先行其言 이후종지而後從之" — "말을 앞세우기보다 먼저 자기 말을 실천하고, 그다음에 다른 사람으로 하여금 자기 말을 따르게 하라"는 가르침을 주었다. 이는 단순히 '말과 행동이 일치하여야 한다'는 언행일치言行一致보다 한층 더 실천을 강조한 듯하다. 공자는 제자들에게 말이 아닌 실천하는 행동이 우선되어야 함을 분명히 일깨운 것이다.

성경 야고보서에도 "행함이 있는 믿음"의 중요성이 강조되어 있다. "행함이 없는 믿음은 그 자체가 죽은 것이라" 하였고, "이웃이 헐벗고 양식이 없을 때는 어떠한 말보다 그 몸에 필요한 것을 주는 것이 먼저다"라고 기록되어 있다. 또한 노자는 "지자불언 언자부지知者不言, 言者不知" — "아는 자는 말하지 않고, 말하는 자는 알지 못한다"고 하였다. 이는 행함은 없이 말만 앞서는 것의 위태로움을 경계하고, 꼭 필요한 말은 간결하고 분명하게 전달해야 함을 강조한 표현일 것이다. 설탕을 좋아하는 아이에게 설탕을 끊으라 권하기 전에, 자신이 먼저 설탕을 끊어 본 뒤에야 권고할 수 있다고 한 간디의 사례 역시 "선행기언 이후종지"의 정신과 맞닿아 있다 하겠다.

그렇다면 오늘을 사는 우리는 어떠한가? 나이가 들수록 말수를 줄여야 한다는 생각은 하지만, 여러 모임 속에서 말할 기회가 많다 보니 종종 말이 앞서는 경우가 있다. 말이 많아지면 자칫 과장이

섞이게 되고, 다른 사람의 말을 경청할 기회를 놓치기도 한다. 리더라면 모임에서 여러 사람이 균형 있게 대화할 수 있도록 이끌고 배려할 줄 알아야 한다. 리더의 언어는 간결하고 엄정해야 하지만, 동시에 상대가 온화함을 느낄 수 있는 경청의 태도를 지녀야 한다. 존 맥스웰 『리더의 조건』(전형철 역)에서 말한 것처럼 "경청이란 귀를 통해 사람들의 마음과 소통하는 것"이다. 경청은 타인의 목소리와 더불어 자기 내면의 목소리에 귀 기울이는 소통의 행위이며, 이러한 소통은 이해를 낳고, 이해는 선행으로 이어지며, 결국 타인과 자신 모두에게 신뢰를 구축하게 되는 것이다.

신라 문무왕 때(662년), 김유신 장군은 68세의 고령에도 엄동설한 속에서 직접 임진강을 건너 고구려 원정을 수행하였다. 추위에 지친 병사들이 두려워 배에 오르지 못하자 김유신은 "죽음을 두려워하지 말라" 외치며 가장 먼저 배에 올라 강을 건넜다. 이에 병사들은 용기를 얻어 장군을 따라 강을 건널 수 있었다. 김유신은 신라의 대장군으로 모든 군을 통솔할 때에도 가족과 거리를 두었다고 전한다. 이는 자신의 삶을 희생하며 부하들의 마음을 다잡고자 했던 솔선수범의 정신에서 비롯된 것이라 할 수 있다. 리더는 힘들고 위험한 일을 먼저 실행함으로써 신뢰를 얻고, 그때 비로소 리더로서의 역량이 발휘되는 것이다.

'선행기언'의 리더십 덕목은 새로운 것을 배우고 익히는 학습學習에 있어서도 동일하게 적용된다. 공자의 가르침을 따르며 배움을 실천한 많은 제자들이 결국 당대를 이끌 리더가 되었던 것처럼, 오늘날의 리더 역시 학습에 있어 솔선수범해야 한다. 현대사회는 지식과 정보가 빠르게 변화하는 시대다. 리더는 업무 분야뿐 아니라 비업무 분야에서도 지식과 교양을 확장하여야 하며, 이를 융합하여 소통하고 리드할 수 있어야 한다. 특히 인생 전반전인 20대·30대에 쌓은 지식과 경험만으로는 부족하다. 후반전인 50대 이후를 리더로 살아가기 위해서는 그간 소홀했던 인문학, 과학, 종교학 등 다양한 분야의 지식과 정보를 적극적으로 흡수하고 학습으로 실천해야 한다.

"선행기언 이후종지, 말을 앞세우기보다 먼저 자기 말을 실천하고, 그다음에 다른 사람으로 하여금 자기 말을 따르게 하라." 이 가르침은 오늘날에도 여전히 유효하다. 리더는 먼저 희생하고 먼저 행함으로써 신뢰를 얻을 때 비로소 타인의 마음을 움직이고 이끌 수 있다. 선행기언은 말보다 행동을, 지시보다 실천을 앞세워야 한다는 리더십의 핵심을 일깨워주는 교훈이라 할 수 있다.

15. 유교무류有教無類 배움의 문

논어에 "유교무류有教無類" 즉, "가르침은 있으나, 차별은 없다"는 공자의 말이 있다. 가르침에는 차별이 없어야 하고, 배움의 문은 누구에게나 열려 있어야 한다는 뜻으로, 누구라도 배움을 통해 성장하고 발전할 수 있다는 의미이다. 공자는 춘추시대의 유학자이자 사실상 유학의 창시자로 알려져 있다. 가문과 혈통을 중시하던 당시의 상황 속에서 "유교무류"를 내세우며 배움의 문을 열고자 했던 공자의 정신은 약 3,000명에 이르는 제자를 길러내는 계기가 되었다. 그 가운데 안회는 빈민가 출신이었으나 유교무류의 정신 속에서 배움의 길에 들어서 공자의 수제자가 되었다. 자로는 오늘날로 보면 거칠고 무례한 성격의 인물이었지만, 공자의 가르침을 받고 안회와 더불어 중요한 제자로 성장했다. 자공은 상인 출신으로 큰 재물을 모아 공자 학단을 경제적으로 후원하였으며, 지자동智者動의 삶을 살아간 대표적인 인물로 전해진다.

오늘날 우리 모두에게도 배움의 문은 열려 있으며, 오히려 그 문은 점점 더 넓어지고 있다. 늘어난 수명과 성장한 경제만큼 배움에 대한 열망도 커지고 있는 것은 매우 바람직한 현상이다. 가정과 육아에 전념하느라 배움의 기회를 놓쳤던 사람들이 뒤늦게 대학이나 대학원에 진학하여 학습의 즐거움을 누리고 있다. 또한 인생의 전반전을 직장생활에 매진하며 보낸 후, 인생의 후반전에는 진정으로 하고 싶었던 분야에 도전하는 경우도 많다. 국가평생교육진흥원에서 운영하는 평생교육사(Lifelong Educator) 자격증 제도 또한 이러한 수요에 대응하기 위해 만들어진 제도라 할 수 있다. 성인학습자들은 배우지 못한 것에 대한 갈증을 해소하고, 새롭게 배운 것을 실생활에 활용하려는 의지가 강하다. 또한 실무 능력은 뛰어나지만 자신이 익힌 기술이 학문적·과학적 체계 속에서 어떤 의미를 갖는지 확인하고자 하는 경우도 있다. 예컨대 김치·된장·고추장 등 발효식품을 잘 만드는 성인학습자가 최신 분석과 평가 방법을 통해 자신이 만든 제품의 과학적 우수성을 확인하고 자부심을 얻게 되는 경우가 그렇다. 이때 느끼는 기쁨은 단순한 기술적 성취를 넘어 몇 배나 커지는 법이다.

100세 시대에 접어든 지금, 인생 2모작을 준비하는 사람들을 위한 배움의 문은 더욱 활짝 열리고 있다. 그간 소홀히 했던 인문학·과학·신학 등의 학문을 탐구할 수 있는 기회도 점점 많아지고 있다. 일본은 이미 '대학을 두 번 가는 시대'가 열렸다고 한다. 은퇴 이후의 삶을 어떻게 살아갈지 고민하는 사람들에게 다양한 맞춤형 교육 과정을 제공하는 대학 평생교육 시스템이 자리 잡고 있는 것이다. 고교 졸업자원이 줄어드는 현실 속에서 대학·지자체·정부가 협력하여 지역의 수요에 맞는 평생교육 인력을 양성하는 데 힘을 모으고 있다. 우리나라 역시 저출산·고령화, 수도권 인구 집중, 지역 소멸 등과 같은 문제를 안고 있으며, 이에 대응하기 위해 젊은 세대가 지역에서 일하고 가정을 꾸리며 살아갈 수 있는 환경을 마련하고, 50대 이후 시니어 세대가 치유와 힐링의 삶을 살 수 있도록 지역 대학과 지자체, 정부가 협력하고 있다. 더구나 배움과 학습의 즐거움을 깊이 이해할 수 있는 세대는 오히려 시니어 세대일지도 모른다. 배움 자체에서 오는 즐거움이 몸과 마음을 치유하고 힐링하는 힘이 되기 때문이다. 여유 있는 이들은 오전에는 배움에 참여하고, 오후에는 멋진 장소나 카페에서 시간을 보내거나 주말과 방학에는 여행을 즐기며 삶의 활력을 찾기도 한다.

배움의 문은 국내를 넘어 해외에서도 열리고 있다. 2024년 기준 국내 외국인 유학생 수는 약 21만 명에 이르고 있으며, 그중 시니어 유학생의 수도 점차 늘고 있다. 이들은 유학을 마치고 돌아가 자국에서 리더로 성장하여 사회를 이끌어 갈 인물들이다. 우리가 해외 유학을 통해 선진 학문과 기술을 배워와 사회 전반에 기여했던 것처럼, 이들 유학생 역시 자신들의 나라에서 배움의 결실을 맺을 것이다. 일본에서는 50~60대 이후 시니어 유학이 늘고 있다. 이들은 해외에서 3~6개월 정도 머물며 오전에는 어학과 역사·문화를 배우고, 오후와 주말에는 여행을 즐기며 여유로운 삶을 보내고 있다. 최근에는 해외 롱스테이 박람회 등을 통해 유학과 여행을 겸하는 다양한 기회가 제공되고 있어, 이러한 배움의 문을 두드려 보는 것도 의미 있는 일일 것이다.

약 2,500년 전 "유교무류, 가르침이 있을 뿐 차별은 없다"는 공자의 말에 따라 수많은 사람들이 배움의 문으로 들어와 학습의 즐거움을 누리며 그 시대의 리더로 성장했다. 오늘날 우리에게도 다양한 '배움의 문'이 마련되어 있다. 그 문은 두드리는 이들에게 활짝 열릴 뿐만 아니라, 남은 생을 리더로 살아가기에 필요한 길과 방법을 제시하는 소중한 통로가 될 것이다.

16. 거피취차去彼取此 비움의 역설

"거피취차去彼取此, 저기 있는 것을 버리고(去彼) 여기 있는 것을 취하라(取此)"는 의미로, 노자의 『도덕경』에 나오는 말이다. 이는 비움의 실천을 통해 진정한 행복을 느낄 수 있다는 의미로도 자주 인용된다. 또한 "심령이 가난한 자는 복이 있나니"라는 성경 구절에서도 비움의 역설을 읽을 수 있다. 살다 보면 버려야 할 것들이 많아진다. 여러 가지 욕심도 버려야 하고, 입지 않는 옷과 사용하지 않는 넥타이, 쓰지 않는 그릇이나 가구 등 버려야 할 것들이 넘쳐난다. 아직 버리기가 망설여진다면 필요한 사람들에게 나누어 주어야 한다. 시간이 더 지나기 전에 비움과 나눔을 실천해야 한다. 지금 나눈다면 누군가에게 소중히 쓰일 수 있지만, 때를 놓쳐 더 이상 나눌 수 없게 된다면 결국 쓰레기로 버려져 태워질 뿐일 것이다.

무엇을 버리고 무엇을 취할지를 알고 있다면 그는 지혜로운 사람이며 동시에 전략가이다. 우리는 지금까지 자신보다는 타인의 의지에 맞추어 살아온 경우가 많다. 특히 인생의 전반전에는 자신의 뜻대로만 살 수 없는 환경 속에서도 묵묵히 일에 열중하며 최선을 다해왔다면, 그것만으로도 후회 없는 삶이라 할 수 있다. 직장에서, 가정에서, 사회생활 속에서 자신을 위한 소중한 것들을 잠시 내려놓으며 살아온 셈이다. 그렇다면 인생의 전반전에서 내려놓았던 소중한 것들은 무엇이었는지 되돌아보아야 한다. 내면의 가치와 주체적인 삶의 추구가 부족하지는 않았는가. 누구에게나 비교할 수 없는 자신만의 고유한 가치가 있다. 외모에서 풍기는 개성도 있지만, 보이지 않는 내면의 가치는 더욱 귀히 다루고 추구해야 할 소중한 자산이다. 이런 가치를 발견하고 길러내기 위해서는 부단한 노력과 전략, 그리고 때로는 멘토의 도움이 필요하다. 본래 전략이란 싸움에 임해 무엇을 취하고 무엇을 버릴지를 깊이 고민하는 것이다.

사람은 살아가며 선물을 주고받는다. 의미 있는 날, 의미 있는 선물을 고민하고 정성껏 포장해 전한다. 어떤 경우에는 자필로 손편지를 쓰고, 때로는 글씨에 그림을 더하기도 한다. 만약 우리가 선물 그 자체에만 관심을 두면, 선물에 담긴 더 소중한 마음을 놓치기 쉽다. 선물을 고르기 위해 기울인 정성, 손편지를 쓰며 담은 고민, 혹은 붓글씨라면 수없이 반복한 끝에 완성한 마지막 작품. 그 안에는 무엇과도 바꿀 수 없는 마음이 담겨 있다. 이것을 알아채지 못한다면 마치 선물에 깃든 본질에는 눈길조차 주지 않는 것이나 다름없다. 결국 우리가 취해야 할 것은 사라져버릴 선물이 아니라 그 안에 담긴 마음이다.

미국 제40대 대통령 로널드 레이건의 어린 시절 '짝짝이 구두 일화'는 주체적인 삶의 교훈을 전해준다. 그는 구두 제작공에게 원하는 구두 끝 모양을 제대로 말하지 못해 한쪽은 뾰족하고 한쪽은 둥근 구두를 받게 되었고, 그제야 자신의 선택이 얼마나 중요한지 깨달았다. 구두 제작공은 "자신의 일을 스스로 결정하지 않으면 다른 사람이 대신 결정할 것이고, 그 결정은 결코 네 마음에 들지 않을 것이다"라는 교훈을 어린 레이건에게 남겼다. 인생의 후반전, 즉 50대 이후에는 주체적인 삶의 가치를 더욱 추구해야 한다. 삶의 만족과 행복은 결국 내가 취할 것은 취하고 버릴 것은 버리는 데서 비롯된다. 주체적인 삶을 통해 채움에 대한 기대는 낮추고, 비움과 나눔은 실천하여, '거피취차去彼取此'의 삶이

진정한 행복으로 이어지길 바란다.

17. 지족불욕知足不辱 자족하는 삶

"지족불욕 지지불태知足不辱 知止不殆, 만족할 줄 알면 욕됨이 없고, 그칠 줄 알면 위태롭지 않다"는 노자의 『도덕경』에 나오는 말이다. 재물을 많이 가진 사람이 만족할 줄 알고, 권력을 가진 사람이 그칠 줄 알기란 쉽지 않기에 나온 말일 것이다. 그러나 이 말은 특정인에게만 해당되는 것이 아니라 우리 모두에게 적용된다. 의식주가 해결되기 전에는 의식주만 해결되면 만족하고 행복할 줄 알았다. 그러나 의식주가 해결된 오늘날을 돌아보면, 조금의 불편함을 감수하기보다는 더욱 편리함을 추구하는 삶을 살고 있다. 가까운 거리도 차로 이동하고, 계단보다는 엘리베이터나 에스컬레이터를 이용하며, 조금의 더위와 추위조차 견디기 어려워한다. 그렇다면 이러한 편리함의 추구가 과연 참된 행복으로 이어졌을까? 놀랍게도 편리함의 추구는 개인의 행복뿐 아니라 자연의 섭리까지 위협한다는 증거가 여러 곳에서 드러나고 있다. 일상에서 편리함보다는 다소의 불편함을 습관처럼 반복하는 일이 주는 이로운 점은 많다. 걷기를 통한 건강 증진과 운동 대체 효과, 에너지 절약과 탄소중립 실천 등이 대표적이다. 무엇보다도 자족하는 삶으로 이어져 행복감을 더해 준다. 편리하게 살 수 있음에도 불구하고 일부러 불편함을 자처한다면, 이는 자신을 위한 일이자 다른 사람과 자연을 위한 일이 되며, 결국 다시 자신을 위한 길로 돌아온다.

'세상에서 가장 가난한 대통령'으로 알려진 호세 무히카 우루과이 전 대통령은 "나에게 가난한 자란 너무 많은 것을 원하는 사람이다"라고 말한다. 이는 경제적으로 부유한 사람일지라도 끊임없이 부의 축적만을 추구한다면 그가 가장 가난한 사람일 수 있다는 뜻으로 해석된다. 만족할 줄 모르는 사람은 내면적으로 궁핍한 삶을 살아가는 것이다. 그렇다면 "만족할 줄 알면 욕됨이 없다"는 노자의 말에서 만족이란 무엇이고, 욕됨이란 무엇인가? 경제학자로서 '행복경제학'을 창시한 리처드 이스털린(Richard A. Easterlin) 교수는 저서 『지적 행복론』(안세민 역)에서 "가정생활과 건강을 희생시켜 불행해지는 상황에서 돈이 많으면 더 행복해질 것이라는 기대는 환상에 불과하다"고 말한다. 그는 행복의 수준은 "당신이 가지고 싶어 하는 것은 줄이고, 당신이 가지고 있는 것(건강, 가정생활)은 개선하며, 사회적 비교에 빠져들지 말아야 높아진다"고 역설한다. 행복경제학자는 '더 많이 가질수록 더 많은 것을 원하게 된다'는 사실을 통계 자료를 통해 증명하며 역설한다. 결국 만족을 모르는 삶은 욕된 삶이며, 욕됨이란 자신과 타인 모두에게 더 많은 욕망을 추구하면서 오히려 행복지수는 점점 낮아지는 삶을 의미한다. 생텍쥐페리가 『어린 왕자』(이명경

역)에서 "세상에는 눈으로는 찾을 수 없고 오직 마음으로만 찾을 수 있는 중요한 것, 사막 속의 우물"을 말한 것도 같은 맥락이다. 사막과 같은 세상 속에서도 오아시스를 찾을 수 있는 것은 욕망을 줄이고 만족할 줄 아는 삶을 통해서만 가능하다.

지난 30여 년간의 대학교수 생활을 돌아보면 교육과 연구를 통한 제자 양성, 학술지 논문 게재, 다양한 산학연관 협력 등 여러 활동을 할 수 있었음에 감사하고 만족스럽다. 더욱이 교수로 재직하면서 부총장, 학장, 산학협력단장, 산학협력선도대학사업(LINC) 단장, 국제교류처장 등 여러 보직을 맡을 기회를 얻었고, 그 소임을 다할 수 있었음에 또한 감사하다. 공교롭게도 대부분의 보직은 예상치 못한 상황에서 소명처럼 다가왔다. 다른 부총장 내정자가 있었음에도 어떤 이유로 임명되지 않고 필자에게 제안이 온 경우, 산학협력단장이 부임한 지 두 달 만에 사임하여 급히 제안이 온 경우, 2년간 진행한 LINC 사업이 단계평가에서 탈락해 재진입을 목표로 해야 하는 절박한 상황에서 제안이 온 경우 등 평범하지 않은 상황에서 맡게 되었기에 더욱 소명으로 받아들일 수 있었다. 감사하게도 LINC 사업이 재진입에 성공한 후 LINC+사업, LINC3.0사업으로 이어져 12년간 지속될 수 있었고, 다른 보직을 수행하는 기간에도 대표할 만한 성과들을 다수 낼 수 있었으니, 그 또한 감사하고 만족스러운 일이었다.

"지족불욕知足不辱(만족할 줄 알면 욕됨이 없다)"는 말은 모든 것을 족한 줄 알 때 소명처럼 주어진 일에도 감사함으로 사심 없이 임할 수 있음을 깨닫게 한다. 소명으로 임한 일은 몸은 피곤하고 과정은 복잡할지라도 결국 성과가 나타나며, 그 성과의 공을 구성원들에게 돌릴 수 있어 늘 행복하고 만족스러웠다. 성경의 달란트 비유에서 충성되게 일한 자에게 "작은 일에 충성된 자"라 한 것처럼, 우리에게도 금액으로 환산할 수 없는 탤런트(달란트)가 주어져 있다. 이 탤런트는 자신의 노력뿐 아니라 부모, 형제, 학교, 스승, 지역사회, 국가의 지원과 도움을 통해 형성된 것이다. 그러므로 우리의 탤런트는 순전히 개인의 것이 아니라 공공적인 성격을 지니고 있음을 부인할 수 없다. 따라서 내 것이 온전히 내 것만이 아님을 깨닫고 만족할 줄 아는 것, 나눔을 실천하는 것이 곧 '작은 일에 충성하는 것'이다. 이러한 삶을 사는 사람은 늘 행복하며, 자신에게도 욕됨이 없는 삶을 살게 된다.

18. 무신불립無信不立 신뢰기반의 경영

"무신불립無信不立, 믿음이 없으면 설 수가 없다"는 뜻으로 공자의 『논어』에 나오는 말이다. 공자의 제자 자공이 정치에 대해 묻자, 공자는 "백성의 믿음을 얻는 것이 군대나 식량을 확보하는 것보다 중요하다"고 답했다. 그렇다고 군대나 식량이 덜 중요하다는 의미는 아닐 것이다. 다만 백성의 신뢰를 얻는 것이 정치하는 사람들에게 얼마나 중요한 요소인지를 강조한 말이다. 공자가 활동했던 춘추시대는 200년간 혼란이 지속되었던 시대였기에 사회 모든 영역에서 신뢰가 가장 중요한 요소였음을 짐작할 수 있다.

신뢰는 정치뿐 아니라 다양한 영역에서 중요한 가치이다. 전북 완주의 로컬푸드('로컬푸드 1번지')가 전국으로 확산된 배경에도 바로 '신뢰'라는 핵심 키워드가 있다. 로컬푸드 매장에서 판매되는 품목은 지역에서 재배한 신선한 식재료와 이를 이용한 가공식품이 주를 이룬다. 원래는 시골 장터에서 개별 농산물을 판매해 신선도 관리가 제대로 이루어지지 않았지만, 이를 공적인 판매장 안에서 관리·판매할 수 있도록 시스템을 구축한 것이다. 이 안에서 신선도와 저농약 관리가 체계적으로 이루어지고, 생산자와 종사자들을 철저히 교육하여 '신뢰기반의 경영'을 최우선으로 추진한 결과이다. 완주군은 이를 위해 2010년 전국 최초로 「완주로컬푸드 육성 및 지원에 관한 조례」를 제정했고, 2019년에는 「완주군 먹거리 기본권 보장 조례」를 제정하여 로컬푸드 정책 추진과 지원을 위한 제도적 정비를 꾸준히 진행해 왔다.

기업 경영에서도 제품과 서비스에 대한 신뢰는 성공의 핵심 요소이다. 고객의 충성도와 만족도를 높이는 힘은 결국 '신뢰'에 있으며, 이는 곧 기업의 자산이 된다. 이른바 '신뢰자산' 이론이 등장한 배경이다. 『신뢰를 팔아라(The Power of Trust)』(박세연 역)의 저자인 샌드라 서처(Sandra Sucher)와 샬린 굽타(Shalene Gupta)는 오랜 기간 '신뢰 자산 분석 프로젝트'를 통해 신뢰 경영의 중요성을 강조했다. 저자는 "역사상 고객과 직원이 가장 까다로운 시대, 최고의 기업은 물건이 아닌 신뢰를 팔고 있다"고 하며, "제대로 작동되는 믿음의 힘은 세상을 더 좋은 곳으로 바꿀 수 있는 강력한 힘을 뿜어낼 수 있다"라고 말한다. 이처럼 신뢰 경영의 가치는 전북 완주의 로컬푸드 매장에서도 입증되었다. 소비자들은 매장에서 제공하는 농산물과 제품을 절대적으로 신뢰하게 되었고, 이는 고객 충성도와 만족도로 이어졌다. 그 결과 '로컬푸드 하면 완주', '로컬푸드 1번지 완주'라는 브랜드가 확립된 것이다.

개인, 가정, 직장 모두 '신뢰기반의 경영 구조'를 세우고 이를 리더십으로 구현하는 것이 중요하다. 하지만 살다 보면 스스로를 신뢰하지 못해 같은 실수를 반복하는 경우가 많다. 가장이 가족과 소통하지 못해 같은 공간에 있어도 마음은 멀리 떨어져 있는 경우도 있다. 직장의 리더가 구성원들의 마음을 살피지 못해 신뢰가 구축되지 못하고, 구성원들이 직장에 대한 애사심 없이 일하는 경우도 허다하다. '신뢰기반 경영'을 위한 거버넌스(관리체계)의 핵심은 네 가지로 정리할 수 있다.

① 확고한 비전 : 공부와 일이 단순히 돈을 벌거나 성적을 잘 받기 위한 수단이 아니라, 개인·가정·조직의 확고한 비전을 실현하기 위한 과정임을 구성원들이 공감하고 늘 인지해야 한다. 리더는 비전을 세우고 철학을 구성원들과 지속적으로 공유해야 한다.

② 자율과 책임 : 자율적으로 일하되 맡은 업무를 철저히 수행하도록 자율성과 책임이 함께 주어져야 한다. 코로나19 기간 중 시행된 재택근무가 포스트 코로나 시대에도 확대된 것은, 자율성과 책임성이 보장된다면 사무실 출근보다 재택근무가 더 효과적이고 실용적이라는 공감대가 형성되었기 때문이다.

③ 연대와 상생 : 가정과 조직의 구성원들이 연대를 통해 비전 실현을 함께 이루어 가야 한다. 공동체의 연대의식이 없이는 상생을 이룰 수 없고, 상생을 넘어 공생의 단계로 나아가야 비전이 완성될 수 있다. 상생이 '함께 잘해 보자'의 수준이라면, 공생은 가족과 같은 더 깊은 연대이다.

④ 성과의 분배 : 비전 실현으로 얻은 성과와 공을 어떻게 분

배하느냐는 리더의 중요한 덕목이다. 리더는 성과가 크든 작든 자신에게는 인색하고, 구성원들에게는 후하게 분배하며 공을 돌려야 한다.

"무신불립無信不立, 믿음이 없으면 설 수가 없다"는 말은 정치뿐 아니라 기업, 학교, 가정, 개인 모두에 해당된다. 정부든 기업이든, 조직이든 개인이든, 신뢰를 기반으로 하는 '무신불립의 경영' 이념이 작동할 때 비로소 굳건히 설 수 있고, 좋은 영향력을 세상에 미칠 수 있음을 기억해야 한다.

19. 지언지인知言知人 창조적인 말의 힘

공자의 『논어』 마지막 어구에는 "부지언, 무이지인야不知言, 無以知人也, 말을 알지 못하면 사람을 알 수 없다"라는 말이 있다. 여기서 지언지인知言知人이라는 말이 유래하였다. 즉, '사람이 하는 말의 의미를 구별할 줄 알면 그 사람을 알 수 있다'는 의미로 해석된다. 다시 말해 '그 사람이 하는 말이 곧 그 사람의 인격'이 되는 것이다. 글이 없고 말을 글로 옮길 수단이 없었던 시절을 떠올려 보자. 때로는 그림으로 하고 싶은 말을 대신 표현했던 시대가 있었음을 우리는 알고 있다. 그러므로 사람이 말을 한다는 것은 세계와 소통하고 자연과 소통하는 가장 뛰어난 수단이며, 동시에 세상을 창조하기도 하고 사람을 파괴하기도 하는 힘을 가지고 있는 것이다.

사람이 말을 통해 세계와 자연과 소통하는 방식에는 연설을 하거나, 시를 낭송하거나, 소리 내어 노래를 부르는 등 다양한 방법이 있다. 식물을 연구하는 과학자들은 식물이 어떻게 사람들과 소통하는지에 관심을 가져왔다. 자연의 온갖 변화에 스스로 적응해야만 하는 식물은 특별한 감지 기능을 지니고 있음이 밝혀졌다. 1990년 식물과학자인 브람(Braam)과 데이비스(Davis)는 애기장대라는 식물이 비, 바람, 접촉과 같은 자극을 받으면 '칼모듈린'이라는 단백질을 만들 수 있는 유전자들의 발현이 급속히 증가한다는 사실을 발견하였다[Cell 60, 357-364(1990)]. 이 유전자들의 발현은 자극이 없을 때는 정상 수준을 유지하다가 자극을 받으면 급속히 증폭되며, 식물이 외부의 자극(신호)을 전달받는 데 칼모듈린이 중요한 역할을 한다는 사실을 제시하였다. 식물이 외부 자극에 반응한다는 것은 어찌 보면 당연하지만, 이를 담당하는 유전자를 구체적으로 밝혀내고 이름을 붙였다는 점은 당시 큰 반향을 일으켰다. 더욱 놀라운 점은 식물이 동물과는 비교할 수 없을 만큼 다양한 종류의 칼모듈린 유전자를 보유하고 있다는 사실이 이후 계속 밝혀졌다는 점이다. 그렇다면 식물은 왜 주변 신호에 반응하는 수단을 지니게 되었을까? 그것은 곧 '소통하기 위해서'일 것이다. 좋은 신호와 나쁜 신호를 구별하고, 심지어 좋은 말과 나쁜 말까지 구별할 수 있는 능력을 지니게 된 것이다. 인간의 언어에는 일정한 음파가 담겨 있고, 이 음파가 식물의 잎에 닿는 순간 식물 자체의 전류와 만나 서로 다른 반응을 이끌어 낼 수 있다. 그렇다면 식물도 말을 구별하는데, 인간이야말로 말을 구별하고 이를 올바르게 사용할 줄 알아야 본래의 사람다운 모습이라 할 수 있지 않을까. 다산 정약용 선생 또한 "사람이 자주 하는 말과 생각을 들어보면 그 사람을 알 수 있다"고 하며 사람의 말이 지닌 중요성을 강조하였다.

말은 창조의 힘을 지니고 있었지만, 인간이 그것을 사용하기 시작하면서부터 창조의 수단임과 동시에 파괴의 수단이 되었고, 참과 사랑을 전하는 도구임과 동시에 거짓과 증오를 퍼뜨리는 수단이 되었다. 소통의 방법이 다양해진 오늘날, 정작 적절한 말을 통한 진정한 소통은 줄어들면서 내면의 화만 쌓이는 경우도 많다. 그렇기에 우리가 사용하는 말은 마음속의 진심을 전달하는 수단이자, 소통하고 창조적인 에너지를 불어넣는 수단이어야 한다. 특히 리더는 진심 어린 말을 통해 창조적인 에너지를 만들어내야 한다. 남북전쟁의 상처로 가득했던 미국 펜실베이니아 게티즈버그 군인 국립묘지에서 링컨 대통령이 남긴 간결한 연설, "국민의, 국민에 의한, 국민을 위한 정부는 이 땅에서 결코 사라지지 않을 것이다(Government of the people, by the people, for the people, shall not perish from the earth)"는 창조적 에너지를 불러일으키기에 충분했다. 루스벨트 대통령 또한 대공황의 늪에서 고통받던 국민들에게 "우리가 두려워해야 할 유일한 것은 두려움 그 자체뿐이다(The only thing we have to fear is fear itself)"라고 말하며, '두려워하지 말라'는 창조적인 말로 국민들에게 용기와 힘을 불어넣었다.

공자의 『논어』는 마지막 어구를 "부지언, 무이지인야不知言, 無以知人也, 말을 알지 못하면 사람을 알 수 없다"라는 말로 맺는다. 즉, 『논어』의 첫 문장은 배우고 익힘의 즐거움으로 시작되었고, 마지막 문장은 말의 중요성으로 끝맺은 것이다. '지언지인知言知人, 사람이 하는 말의 의미를 구별할 줄 알면 그 사람을 알 수 있다.' 나를 살리고, 가정을 살리고, 조직을 살리는 신중하고도 창조적인 말, 곧 '살리는 에너지'가 우리 사회에 늘 가득하기를 바란다.

20. 지인무기至人無已 지극한 경지의 삶

장자莊子 내편 소요유逍遙遊에 나오는 "지인무기至人無已"는 "지극한 경지에 이른 사람(至人)은 자기(욕심)를 떠난 사람(無已)"이라는 의미로, 욕심을 버림으로써 자유로운 삶을 살 수 있음을 알려준다. 장자(BC 369~BC 289)는 춘추전국시대 중국 송나라 사람으로 본명은 장주莊周이다. 그의 저서 『장자莊子』를 통해 인간의 삶이 자유로움을 만끽할 수 있는 소요유逍遙遊적인 삶, 무기無己, 무공無功, 무명無名의 '삼무三無'적인 삶을 추구해야 함을 가르쳐 준다. '멀리 소풍 가서 노니는 듯한 삶'인 소요유逍遙遊를 위해 욕심과 이기심을 버리는 삶인 무기無己, 자신의 공적을 내세우지 않는 삶인 무공無功, 명예를 탐하거나 자랑하지 않는 삶인 무명無名이 바른 삶의 자세임을 말한다. "나를 버리고 나니 모든 것이 나"라는 뜻과도 이어지는 지인무기至人無己의 의미는 오늘을 사는 우리들에게도 소중한 교훈으로 다가온다. 자타가 동일시되는 삶은 쉬운 일은 아니지만, 그 의미를 깊이 새겨본다면 결국 나의 행복과 더불어 타인의 행복, 더 나아가 사회 전체의 행복과 여유로움으로 이어질 수 있는 길을 제시해 주는 것이라 할 수 있다.

성경에 "네 이웃을 네 몸과 같이 사랑하라"는 구절이 있다. 나를 버린다는 것은 곧 사랑의 대상이 '자타가 동일하다'는 맥락과 통하는 것이라 볼 수 있다. 공을 내세우거나 명예를 탐하는 일은 모두 자신을 앞세우려는 욕심에서 비롯된 것이기에 늘 경계하고 조심해야 할 부분이다. 또한 지극한 경지의 삶이란 특별한 사람만이 누릴 수 있는 삶으로 한정할 수는 없다. 우리 주변에는 이미 욕심을 떠나 사는 평범한 이들이 많다. 평생 김밥을 팔아 모은 재산 6억 원과 전세보증금 5천만 원을 사회 곳곳에 기부하고 세상을 떠난 박춘자 김밥 할머니는 무기無己의 삶, 곧 지극한 경지의 삶을 산 분이다. 2000년부터 2024년 현재까지 25년간(총 26차례) 매년 연말 전주시 노송동 주민센터에 익명의 기부금을 두고 간 '얼굴 없는 천사'(2024년까지 기부총액 약 10억 4천만 원) 또한 무기無己, 무공無功, 무명無名의 '삼무三無'적인 삶을 실천하고 있다. 그는 "가난한 학생들과 소년소녀 가장 등 소외계층에게 작은 도움이라도 되었으면 한다"는 뜻과 함께 지인무기至人無己의 이타적인 삶을 보여주며 많은 사람들의 귀감이 되고 있다.

우리가 이 세상에서 지극한 경지의 삶을 살기 위해서는 나와 사회, 사회와 나의 상호관계가 중요한 요소이다. "자기 욕심을 버리고 나니 나 아닌 것이 없다"는 말에서 알 수 있듯, 지극한 경지의 삶은 나를 내려놓을 때 비로소 큰 힘을 발휘하는 삶이다. 성경에는 "너희는 세상의 소금이다"라는 구절이 있다. 소금이 물과 섞여 녹지 않으면 소금으로서의 본래 역할(보존과 방부)을 다하지 못한다. 소금이 녹을 수 있도록 물은 물분자끼리의 자리를 소금에게 내어준다. 이때 소금(NaCl)은 물에 녹아 Na와 Cl로 분리되면서 소금물이 되고, 비로소 보존과 방부의 역할을 하게 된다. 소금과 물이 서로를 내려놓고 하나로 섞이며 자타가 결합된 것이다. 이와 같이 사회에도 소금과 같은 중요한 역할을 감당하는 이들이 있고, 그 역할이 드러날 수 있도록 도와주는 물과 같은 존재가 있다. 모든 사람이 소금물이 될 수는 없지만, 소금과 물처럼 서로 자리를 내어주고 결합함으로써 보존과 방부의 효과를 발휘할 수 있다. 약 3.5%의 소금물이 바다를 이루고 수많은 생명체를 품고 살아가게 하는 사실은 우리에게 큰 교훈을 준다.

지극한 경지에 오른 연주자나 지휘자 또한 자신을 내려놓은 사람이라 할 수 있다. 오케스트라에서 자신의 연주나 지휘를 드러내려는 것이 아니라, 베토벤·차이코프스키·쇼팽과 같은 위대한 음악가들의 원곡을 가장 잘 살려낸다면 우리는 그를 위대한 연주자, 지휘자라 부른다. 이처럼 원곡자의 음악을 가장 잘 표현해내는 연주자와 지휘자는 자신을 감추고 오케스트라를 통해 원곡자를 드러내는 '지인무기至人無己'적인 연주와 지휘를 한다고 할 수 있다. 내려놓음은 자신의 존재감을 지우는 것이 아니라, 오히려 자신을 표현할 수 있는 최상의 길을 선택하는 것이다.

제2편 인물을 통해 얻는 리더의 지혜

1. 김만덕 조선 여성 CEO의 소원

조선시대 전라도 제주목(현 제주특별자치도)의 거상으로 알려진 김만덕은 1739년 양반가의 딸로 태어났다. 그녀는 11세와 12세 무렵 아버지와 어머니를 모두 여의고 외삼촌 집에 살다가 은퇴한 기생의 수양딸로 들어가 대략 18세 전후에 관기가 되었던 것으로 추정된다. 김만덕은 악기, 춤, 노래 등에서 타고난 재능을 지녔고, 미모 또한 빼어나 관기로서 화려한 삶을 살 수도 있었지만, 본래 양반가의 딸로 태어났음을 잊지 않고 스스로의 삶을 개척하며 살았다. 그리하여 당대뿐 아니라 오늘날에도 '조선의 여성 CEO', '조선의 기부 천사' 등으로 조명되고 있다.

당시 제주는 혹독한 유배형을 받은 이들이 귀양살이를 하는 땅이었고, 잦은 태풍과 해일, 왜구의 노략질, 관리의 수탈, 가뭄과 굶주림 등으로 백성들의 삶은 극도로 피폐하였다. 이 때문에 제주를 떠나는 사람이 너무 많아 육지로 가는 것을 금하는 '제주인 출육금지령出陸禁止令'까지 내려진 상태였다. 김만덕은 관기를 자처하지는 않았으나 관료들을 상대로 하는 관기 역할을 통해 육지의 시장과 상업 현황에 대한 여러 정보를 접할 수 있었을 것이다. 이후 20세를 넘기며 관기 역할을 그만두고 상업 활동(예, 객주 사업 등)을 시작하면서부터 본격적으로 여성 CEO로서의 역량을 발휘하기 시작했다.

객주는 단순히 상인들이 머무르며 숙식을 해결하는 공간일 뿐 아니라 상품 판매와 거래의 중심지 역할을 했다. 김만덕은 제주에서 필요한 쌀과 소금 등은 육지에서 사와 팔고, 육지에서 수요가 많은 제주 특산품인 말, 말총(말 꼬리), 갓(양태), 미역 등은 육지에 비싸게 팔아 많은 돈을 모았다. 특히 제주 말총으로 만든 갓은 가볍고 건조한 상태라 유통이 용이했고, 조선 양반들이 선호하는 특산품으로 개성상인과 한양상인들이 물량 확보를 위해 전남 해남과 강진에 모여 김만덕의 배가 오기를 기다렸다고 한다. 이처럼 김만덕은 제주산 특산물을 육지에 팔고 육지의 생필품을 제주에 들여와 거부가 되어 갔다(참조 : 김만덕-한국민족문화대백과사전).

1790년부터 1794년까지(정조 14~18년), 제주도에는 최악의 흉년과 기근이 이어져 많은 백성이 굶어 죽었으며, 당시 제주 인구의 약 1/4이 줄어든 것으로 알려졌다. 1795년, 정조는 제주목사 심낙수沈樂洙의 요청을 받고 구휼미를 제주에 보냈으나, 가던 배 12척 중 5척이 풍랑으로 침몰하였다. 당시 이미 큰 부자가 되어 있던 김만덕은 이때 자신의 전 재산을 내어 제주 백성들을 살리기 위해 기부하였다. 그녀가 기부한 쌀의 규모는 약 300섬에 달했고, 이후에도 추가적인 기부를 이어가 총 500섬이 넘는 규모에 이르렸다고 한다. 이는 일반인으로서는 전례 없는 규모였다. 김만덕은 돈을 벌 줄도 알고 쓸 줄도 아는 '조선의 여성 CEO'였다.

김만덕의 선행은 제주를 넘어 임금에게까지 보고되었다. 정조는 그녀의 소원을 알아보도록 제주목사에게 지시했고, 채제공의 「번암집」에 따르면 김만덕은 "임금이 계신 한양에 가서 궁궐을 보고 싶고, 금강산의 일만이천봉을 구경하고 싶습니다"라고 말했다. 당시 '제주인 출육금지령'이 내려진 상황에서는 실현 불가능한 요청이었지만, 정조는 특별히 김만덕을 '내의원 우두머리 의녀'로 임명하여 제주를 떠날 수 있게 했다. 1796년(정조 20년) 가을, 김만덕은 드디어 한양에 도착해 궁궐을 방문하고 임금과 여러 인사를 만날 수 있었으며, 이어 추운 겨울을 지나 소원하던 금강산 유람까지 실현할 수 있었다. 이때 그녀의 나이는 50대 후반으로 알려져 있으며, 고향으로 돌아간 뒤에도 향년 74세로 생을 마칠 때까지 장사와 기부를 계속하였다.

제주의 한 여인이 한양 궁궐을 방문해 임금을 만난 일은 매우 특별하고 이례적이었다. 금강산의 명승을 둘러볼 수 있도록 모든 편의를 제공받은 일 또한 파격적인 혜택이었다. 당대의 유명한 관료들 역시 김만덕의 생애와 구휼 활동을 기록으로 남겼다. 채제공의 「만덕전」, 「번암집」, 정약용의 「여유당전서」속 기록 등에는 김만덕에 관한 내용이 있다. 「여유당전서」속 기록에는 "김만덕이 말을 타고 가을에 한양에 왔고, 이듬해 봄 금강산 구경을 마치고 고향으로 돌아갔다"는 구절과 함께 "많은 돈을 기꺼이 내놓은 것과, 바다에 살면서도 산을 좋아한 것이 기특하다"라는 평가가 적혀 있다.

김만덕은 불우했던 어린 시절과 자의가 아니었던 관기 역할 속에서도 삶을 스스로 개척했다. 혁신적인 아이디어와 도전 정신으로 사업을 일구어 '조선의 여성 CEO'로 자리매김할 수 있었으며, 필요할 때는 통 큰 기부로 나눔의 정신을 실천한 훌륭한 여성 리더였다. 그녀는 일을 열심히 하되 왜 일하는지를 잊지 않았고, 돈을 모으되 왜 모으는지를 늘 생각했다. 평생 번 돈을 기회 있을 때마다 이웃을 위해 내놓았으며, 임금과 중앙 관료들 앞에서도 자신의 소원을 당당히 밝혔다. 약 6개월 동안 한양과 금강산을 유람한 뒤 제주로 돌아가 다시 일하고, 돈 벌고, 기부하며 살았으니, 우리가 왜 일하고 왜 살아야 하는가에 대한 큰 교훈을 남긴 인물이라 할 수 있다.

2. 느헤미야 조국을 사랑한 이민 3세 리더

이스라엘이 바벨론(지금의 이라크)에 의해 멸망하고 혹독한 포로(노예) 생활을 시작한 때가 BC 587년경이다. 이후 페르시아(지금의 이란)가 바벨론을 멸망시키면서 이스라엘 사람들은 다시 페르시아의 포로가 되었다. 그러나 이스라엘 사람들은 포로 생활 중에도 자신들의 여호와 신앙과 문화를 지키기 위해 끊임없이 노력하였다. BC 538년경, 페르시아의 고레스 왕은 칙령을 내려 "이스라엘 사람들을 본국으로 돌려보내고 예루살렘 성전에서 약탈해 간 성전 물품들을 돌려주라" 명하였다. 이러한 '고레스 왕의 칙령'은 "페르시아가 지배하던 여러 민족의 종교와 문화를 인정해 준 융화 정책의 일환이었다"는 해석도 있다.

이스라엘 사람들의 귀환은 약 90년에 걸쳐 세 차례에 이루어졌는데, 느헤미야는 BC 444년 제3차 귀환을 이끈 포로 이민 3세대 인물이었다. 그는 할아버지와 아버지가 포로 생활을 하는 중 페르시아에서 태어났으며, 한 번도 이스라엘 땅을 밟아본 적이 없었다. 이민 3세로 성장한 느헤미야는 왕의 '술 관원'이라는 중요한 직책을 맡고 있었는데, 이는 왕이 마시는 술의 제조에서부터 상에 오르기까지 전 과정을 관리 감독하는 지위였다. 유대인 출신임에도 왕을 직접 대면할 수 있었던 그는 사회적으로도 성공을 거두고 풍요로운 생활을 누릴 수 있었을 것이다. 그럼에도 불구하고 느헤미야가 이스라엘 민족의 제3차 귀환을 이끌게 된 배경은 무엇이었을까?

페르시아 아닥사스다 왕 20년, 느헤미야가 귀환을 이끌기 1년

전인 BC 445년 11월경, 그의 형제 하나니가 고국을 다녀와 소식을 전했다. “남은 자들이 큰 고난을 당하고 능욕을 받고 있으며, 예루살렘 성은 무너지고 성문들은 불탔다”는 소식이었다. 1·2차 귀환이 있은 뒤 수십 년이 흘렀음에도 여전히 형편이 비참하다는 소식을 들은 느헤미야는 큰 충격을 받았다. 그는 “내가 이 말을 듣고 앉아서 울고 수일 동안 슬퍼하며 하늘의 하나님 앞에 금식하며 기도하였다”라고 기록하였다(성경 느헤미야 1장). 포로 3세인 그가 조국의 참상을 듣고 이처럼 통곡한 것은 평소 조상의 나라 회복을 간절히 바라왔음을 보여준다.

아닥사스다 왕이 느헤미야에게 그 사정을 묻자, 그는 예루살렘 성벽 재건을 위해 자신을 보내 달라고 청하였다. 왕은 이를 허락하며 느헤미야를 유대 민족의 총독으로 임명했고, BC 444년 제3차 귀환이 시작되었다. 귀환 후 총독으로 부임한 느헤미야는 성벽 재건을 방해하는 여러 세력들의 공작에도 불구하고 52일 만에 예루살렘 성벽을 성공적으로 재건하였다(성경 느헤미야 6장).

느헤미야는 지혜롭고 애국심이 깊은 리더였다. 그는 잃어버린 조국을 잊지 않고 회복을 꿈꾸었으며, 총독으로 재임한 12년 동안 총독의 녹(급료)을 받지 않고 오히려 성벽 재건과 조국 회복을 위해 자신의 재산을 내어놓으며 솔선수범하였다. 성벽 공사 과정에서는 각자 구역을 나누어 책임을 맡기고, 각각의 구역을 서로 연결하여 연대하게 하였으며, 성문의 완공은 함께 이루어지도록 하였다. 이는 자율·연합·협력의 리더십을 보여준 좋은 사례이다. 또한 약 15가지 직종의 다양한 전문가들을 투입하였고, 수고한 사람들의 이름을 모두 기록으로 남기되 정작 자신의 이름은 포함하지 않았다. 그는 공적은 아래로 내려 수고한 이들에게 돌리고, 방해와 음모는 자신이 감당하는 지혜로운 리더십을 발휘하였다.

무엇보다 느헤미야는 비전의 사람이었다. 그는 조국 이스라엘의 회복을 꿈꾸었고, 성벽 재건 이후 백성들이 한마음으로 모여 무너진 신앙을 회복하도록 이끌었으며, 협력자들과 함께 개혁적인 정책을 추진해 나갔다.

어느 조직이든 지혜롭고 애정 어린 리더십이 필요하다. 자기 자신을 경영하는 데에도 이런 셀프 리더십이 요구된다. 요즘 자주 언급되는 ESG 경영은 기업이나 조직이 환경친화적(Environmental), 사회공헌적(Social), 공정하고 윤리적인 지배구조(Governance)를 실천하는지를 뜻한다. 이 가운데 핵심은 자율과 연합, 함께의 경영 리더십을 통해 조직의 비전을 실현하는 것이며, 그 바탕은 리더의 사랑과 희생이라 할 수 있다. 자신과 가족을 위해 헌신하듯 조직을 사랑하고 희생할 마음이 있는 사람, 그는 지혜롭고 훌륭한 리더가 될 수 있다. 또한 적재적소에 인재를 배치하여 비전을 이해하고 충성되이 역할을 감당하도록 동기를 부여하는 것 역시 느헤미야에게서 배울 수 있는 리더의 덕목이다.

좋은 아이디어와 좋은 프로그램도 필요하지만, 리더의 헌신과 사랑이 없다면 난관을 극복할 수 없고 비전은 실현되지 못한 채 그저 바라보는 데 그칠 수밖에 없다.

3. 서유구 조선 후기 실학자, 관료, 셰프

풍석 서유구는 1764년(조선 영조 40년)에 태어나 영조, 정조, 순조 시대를 거쳐 헌종 11년인 1845년 82세로 생을 마감하였다. 다산 정약용(1762~1836)보다 2년 뒤에 태어나 비슷한 시기에 활동한 조선 후기 대표적인 실학자이며, 농촌 생활에 필요한 방대한 지식과 정보를 총정리한 백과사전인 「임원경제지」를 저술하였다. 다산 정약용이 1789년(정조 13년)에 과거에 급제하고 같은 해 규장각 초계문신으로 발탁되었는데, 풍석 서유구는 이듬해인 1790년(정조 14년)에 과거에 급제하고 초계문신으로 발탁되었다. 초계문신 제도는 1781년(정조 5년)부터 시행된 것으로, 관리들이 과거에 급제한 후 책 읽기와 글짓기에 나태해지는 것을 방지하기 위해 왕이 직접 초계문신을 선발하여 교육함으로써 문풍을 진작하고 인재를 양성하여 국정을 바르게 운영하고자 한 정조의 역점 제도였다.

풍석 서유구의 가문은 소위 경화세족 가문에 속하였다. 경화세족은 서울 주변에 거주하며 다수의 과거급제자를 배출해 조선시대 요직을 두루 차지했던 세력으로, 이들로 인해 지방과 일반 백성들의 관직 진출의 문은 좁아질 수밖에 없었다. 정약용과 마찬가지로 정조의 신임 속에 여러 관직을 역임했던 서유구는 정조가 사망한 1800년 이후 혼란스러운 정세 속에서 경화세족으로서의 삶을 정리하기 시작하였고, 1806년 약 15년간의 1차 관직 생활을 마무리하고 귀농하게 된다.

관직에서 물러난 후 아들 우보와 함께 농사와 고기잡이에 나선 서유구는 그동안 글로만 익혔던 농사법과 어로법을 실제 현장에서 적용해 볼 수 있었다. 이때가 1807년으로 서유구의 나이 44세, 아들 우보의 나이 12세였다. 농사는 단순히 가족의 먹거리를 생산하는 데 그치지 않았고, 현장 경험을 통해 얻은 지식을 정리하는 일로 이어졌으며, 이는 이후 18년간 지속된 귀농 생활의 모습이었다. 이를 통해 총 113권 52책, 250만 활자에 달하는 「임원경제지」 편찬 작업이 무르익을 수 있었다. 아들 우보는 현장에서 아버지를 도왔을 뿐 아니라 집필에 필요한 자료를 찾고 교정을 보는 등 「임원경제지」를 비롯한 서유구의 저술 작업에 큰 기여를 하였다.

1823년(순조 23년), 60세가 된 서유구는 화양부사로 임명되며 다시 관직에 복귀하였고, 2년 뒤 승지에, 64세인 1827년에는 강화유수에 임명되었다. 그러나 그해 여름 아들 서우보가 30대 초반의 나이로 별세하였다. 어린 시절부터 18년간 함께 농사를 짓고 집필을 도왔던 아들을 잃은 서유구는 깊은 비통에 잠겨 "우보야, 나의 아들 우보야. 줄과 칸 사이에 너의 자취가 그대로 남아 있는데, 너는 지금 어디로 가고 책만 홀로 상자에 남았느냐. 아, 아! 내가 무슨 마음으로 들여다보고, 무슨 마음으로 다시 찬술하겠느냐?"라며 절규하며 울었다고 전해진다(풍석 서유구의 삶과 그 업적에 대하여, 풍석문화재단).

1833년(순조 33) 4월, 70세가 된 서유구는 전라도 관찰사 겸 병마수군절도사, 전주부윤으로 부임해 1834년 12월까지 21개월 동안 재임하였다. 전라감영이 있던 전주에서 전라도 관찰사로 있으면서 지방 통치 행위, 재정 운영 현황, 사회상을 기록한 일종의 공무일지인 「완영일록」을 남겼다. 이후에도 병조판서, 수원유수, 사헌부 대사헌 등을 역임하였고, 1839년(헌종 5년) 76세에 관직에서 물러나 「임원경제지」 편찬에 전념하였다. 그리고 1842년, 79세의 나이에 마침내 「임원경제지」를 완성하였다. 44세에 귀농하며 편찬 준비에 들어간 지 35년 만에 이룬 대업이었다.

「임원경제지」는 총 113권에 달하며, 본리지(곡식농사), 관휴지(식용식물), 예원지(화훼), 만학지(과실·나무), 전공지(의류), 위선지(농업기상·천문), 전어지(목축·사냥·어로), 정조지(음식·요리), 섬용지(건축·도구·일용품), 보양지(건강·양생), 인제지(의학), 향례지(향촌 의례), 유예지(교양·기예), 이운지(문화예술), 상택지(주거선택), 예규지(가정경제) 등 16개 분야로 구성되었으며, 다양한 그림 설명이 곁들여져 있다(풍석 서유구의 삶과 그 업적에 대하여, 풍석문화재단).

특히 음식·요리 백과의 이름을 '정조지(鼎俎志)'라 한 것은 주목할 만하다. 솥 정(鼎)과 도마 조(俎)는 요리 도구이자 동시에 제사에 쓰이는 제기였으므로, 이를 통해 음식의 본질이 감사와 나눔에 있음을 표현하고자 하였다. 또한 정조지에는 물을 음식의 가장 기본 재료로 삼아 다양한 재료를 조리해 식품으로 섭취할 수 있게 하는 탐구와 기록이 담겨 있어, 백성들이 안전하게 먹고 배고픔을 해결할 수 있도록 하려는 의도가 드러난다(참조 : 임원경제지-조선 최대의 실용백과사전, 정명현, 민철기, 정정기, 전종욱 등 역).

1845년 82세가 되던 해, 서유구는 어린 시절부터 배워온 거문고를 더 이상 연주할 수 없게 되자 다른 이로 하여금 거문고를 연주하게 하고, 국화차 향기를 맡으며 거문고 소리 속에서 평안히 잠들었다. 백성을 구하고자 한 그의 간절한 뜻과 몸부림이 담긴 113권 52책, 250만 활자의 「임원경제지」를 남겨둔 채였다(풍석 서유구의 삶과 그 업적에 대하여, 풍석문화재단).

경화세족의 가문에서 태어나 당대 최고의 학자로, 여러 관직을 두루 거친 관료로, 농어촌과 백성을 사랑한 음식 연구가로 살았던 서유구의 삶이 위대했던 이유는 그의 모든 재능이 결국 백성들의 생활을 위해 아낌없이 쓰였다는 데 있다. 그는 사대부들이 기피하던 '잡학雜學'으로 분류된 실용지학實用之學을 평생 일관되게 추구하였고, 그 결과 대백과사전인 「임원경제지」를 완성할 수 있었다. 이는 학문의 목적과 대상이 백성들의 삶의 질 개선에 있다는 확고한 철학이 있었기에 가능했다.

그가 남긴 말 "토갱지병土羹紙餠, 흙으로 끓인 국과 종이로 만든 떡"은 성리학에만 빠져 현실성 없는 지식을 늘어놓는 것을 비판한 것으로, 학문은 반드시 백성들의 삶 속에서 실질적으로 쓰여야 함을 잘 보여주고 있다.

4. 앙겔라 메르켈 물리학자, 엄마 리더십 총리

1954년 7월 독일 함부르크에서 베를린 출신의 루터교회 목사였던 아버지와 함부르크 출신 어머니 사이에서 태어난 앙겔라 메르켈은 아버지의 목회 지역인 동독에서 어린 시절을 보내며 성장하였다. 공산주의 사회에서 목사의 가족으로 지낸다는 것은 평범하지 않았지만, 메르켈은 학업 성적이 뛰어나 명문 라이프치히대학교에 입학해 물리학을 전공하였다. 대학에 입학한 후 메르켈은 할아버지가 당원으로 활동했던 독일사회주의통일당(동독 공산당)에 입당할 것을 비롯해 슈타지(당시 동독의 정보 및 방첩 담당 국가안전부)와의 협력 제안 등을 받았지만, 이를 모두 거절하고 양심적인 길을 선택하였다. 1978년 라이프치히대학교를 수석으로 졸업하며 물리학 학사 학위를 취득한 메르켈은 동베를린에 있던 동독 최고의 과학연구소인 독일 과학원 물리화학 연구소에 들어가 근무하였고, 연구소에서 일하는 동안 박사 과정도 이어가 1986년 양자화학 분야에서 박사 학위를 취득하였다. 1988년에는 화학 분야 세계 최고 권위지로 평가받는 미국화학회지 JACS(잭스)에 자신의 논문을 게재하였다. 동독에서 살던 메르켈이 공산주의 정부에 협력하기보다 학문의 길을 고집한 것은 학문에 대한 열정과 더불어, 공산주의 동독에서 직접 경험한 종교적 탄압과 자유의 부재 등 부정적인 현실이 영향을 주었을 것이다. 물리화학 연구에 몰두하던 30대 중반의 과학자 메르켈에게 1989년 11월 베를린 장벽 붕괴와 이어진 1990년 독일 통일은 본격적인 정치 활동의 계기가 되었다. 1989년 동독의 신생 정당인 민주개혁에 가입한 것을 시작으로, 1990년 통일 독일에서 민주개혁당이 기독교민주연합(기민련)에 합병되면서 메르켈 역시 기민련 소속이 되었다.

당시 독일 총리는 기민련 소속의 헬무트 콜이었다. 동독 출신 여성 정치인이 필요했던 콜 총리에게 메르켈의 발탁은 자연스러운 일이었지만, 동시에 시대적 상황이 만들어낸 결과물이기도 했으며, 이는 오늘날 독일을 형성하는 중요한 계기가 되었다. 메르켈은 헬무트 콜 내각에서 가족·노인·여성·청소년부 장관(1991~1994), 환경·자연보호·원자력부 장관(1994~1998)을 지냈다. 2000년 4월 기민련 최초의 여성 당대표가 되었고, 2005년 11월에는 51세의 나이에 독일 최초의 여성 총리, 최초의 동독 출신 총리, 그리고 역대 최연소 총리가 되었다. 내각제 국가인 독일에서 메르켈은 2018년까지 약 18년간 기민련 당 대표직을 수행했으며, 2021년 10월까지 16년 동안 총리직을 네 차례 연속 수행한 뒤 퇴임하였다. 총리가 된 후에도 메르켈은 총리 관저가 아닌 자신의 아파트에서 남편과 함께 검소하게 생활하였고, 가사도우미 없이 직접 장을 보고 요리하며 가정을 돌보았다. 또한 언제나 같은 스타일의 옷차림으로 공식 업무에 임했다. 한 기자가 기자회견에서 "총리께서는 항상 같은 옷만 입으시는 것 같은데, 다른 옷은 없으십니까?"라고 묻자, 메르켈은 "나는 모델이 아니라 공무원입니다."라고 답했다는 일화는 널리 알려져 있다. 소탈한 성품과 더불어 원칙에 입각한 업무 처리, 신중한 판단은 메르켈 총리의 '엄마 리더십'이라는 브랜드를 형성하며 대중적 인기를 끌어올렸다.

메르켈이 16년간 총리직을 수행하는 동안 그는 독일뿐 아니라 유럽연합(EU)과 서방 자유진영을 대표하는 지도자로 자리매김하였다. 독일 경제를 안정적으로 성장시키기 위해 산업구조 개혁과 혁신을 추진하며 경쟁력을 강화하고 일자리를 창출하였다. 통일 후 막대한 비용이 동독 지역의 경제력과 소득 수준을 높이는 데 투입되면서 통일 독일은 심각한 경제적 어려움을 겪고 있었지만, 메르켈 집권기 동안 독일은 경제적으로 도약하였다. 그는 유럽 난민 문제, 영국의 유럽연합 탈퇴, 미국 우선주의 대응, 코로나19 팬데믹 등 굵직한 현안들에 대해 분명한 원칙을 지키면서도 사려 깊은 융통성과 절충·협상의 포용적 리더십을 보여주었다. 독일 언론이 "권력을 과시하지 않고, 부드럽게 다른 의견을 포용하면서도 힘 있게 정책을 펼치는 리더십"을 '메르켈리즘(Merkelism)'이라 부른 것도 이러한 이유이다. 메르켈은 소박한 생활 태도에도 불구하고 필요한 정책은 어느 지도자보다도 과감하고 뚝심 있게 추진하였고, 과정에서는 토론과 조정을 통해 합의를 이끌어내는 리더십을 발휘하였다. 또한 그는 나치 독일 치하에서 자행된 유대인 학살에 대해 기회가 있을 때마다 사죄하였다. 독일 남부 다하우 수용소를 방문해 묵념한 것은 물론, 이스라엘 방문 시 유대인 학살 추모관에서 사죄한 것은 가해국 독일 총리로서 피해국과 피해자들에게 잘못을 인정하고 용서를 구하는 모습이었다. 이는 메르켈의 진정한 리더십을 잘 보여준다.

2021년 퇴임을 앞둔 메르켈 총리의 지지율은 70%를 넘었다. 16년간 4연임을 마친 총리의 지지율이 이렇게 높게 유지된 것은 이례적이다. 51세의 나이에 독일 최초의 여성 총리가 되어, 최초의 동독 출신 총리, 역대 최연소 총리, 최장 재임 총리라는 기록을 세운 앙겔라 메르켈은 2021년 12월 독일 최초의 자진 퇴임 총리라는 또 하나의 기록을 남기고 평범한 시민으로 돌아갔다. '유럽의 병든 환자'라 불리던 통일 독일(메르켈 집권 당시 실업률 10% 이상)을 정치·경제·사회·문화 모든 면에서 유럽의 모범 국가(실업률 3%대)로 만들고, 스스로 권좌에서 내려온 그는 겸손과 품위를 선택한 정치인으로서 '엄마(무티, Mutti) 메르켈'이라 불리게 되었다. 메르켈은 언제나 신중하지만 탁월한 결정을 내렸고, 어려운 문제에 직면하면 대화와 포용으로 대응하였다. "갈등 사이에 다리를 놓아라(Build a bridge between conflicts)"라는 메르켈의 명언처럼, 그는 총리 재임 기간 동안 독일뿐 아니라 세계적인 갈

등 사안들에서 중재자 역할을 해왔다. 그렇기에 그의 퇴임은 아쉬움 속에서도 진심 어린 축하의 박수를 받을 만하다.

5. 오프라 윈프리 이것이 사명

1954년 1월 미국 미시시피주 미시시피강 근처의 가난한 흑인 마을 코지어스코에서 오프라 윈프리는 혼외자로 태어났다. 당시 군인 신분이었던 아버지는 윈프리의 양육에 전혀 도움을 주지 못했고, 19살이었던 어머니는 가정부로 생계를 유지했기에 윈프리를 돌볼 여력이 없었다. 결국 오프라 윈프리는 외할머니에게 맡겨져 자라게 되었는데, 평일에는 마을 농장의 가축들이 윈프리의 말동무였고, 일요일에는 교회학교에서의 배움을 통해 언어 능력과 암기력을 키우게 되었다. 할머니 덕분에 먹고 살 수는 있었고 글과 언어를 접할 기회도 있었으나, 윈프리가 여섯 살이 되었을 때 병약한 외할머니 곁을 떠나 위스콘신 주 밀워키에서 파출부로 일하던 어머니에게로 보내졌다. 그러나 당시 어머니는 여전히 바빴고, 돌봄과 보호가 소홀했던 탓에 윈프리는 재혼한 아버지가 있는 테네시주 내슈빌로 보내졌다가 2년 만에 다시 어머니 곁으로 돌아오게 된다. 어머니도 이미 재혼한 상태였으나, 여전히 오프라 윈프리는 무관심 속에 방치되었고 결국 가까운 지인들로부터 성적 학대와 폭행을 당하는 고통을 겪었다. 이 과정에서 원치 않는 임신을 하게 되었고, 결국 윈프리는 내슈빌에서 이발소를 운영하던 아버지에게로 다시 보내졌다. 새어머니와 함께 살게 되면서 아이는 조산아로 태어났으나, 태어난 지 약 2주 만에 세상을 떠났다. 그녀의 10대 전후반은 상상하기 힘들 만큼 고통의 연속이었다.

오프라 윈프리가 이러한 역경 가운데서도 생을 포기하지 않고 오히려 도약의 발판으로 삼을 수 있었던 힘은 무엇이었을까? 분명 누군가에게서 받은 사랑의 힘이 작용했을 것이다. 어린 시절 그녀를 돌봐준 외할머니, 그리고 최악의 상황 속에서 교육의 기회를 제공해 준 친아버지와 새어머니는 오프라 윈프리의 삶에 긍정적인 영향을 주었다. 또한 교회학교 교육을 통해 언어능력과 암기력을 키울 수 있었으며, 무엇보다도 하나님의 사랑이 그녀의 아픈 마음을 위로했을 것이다. 친아버지는 새어머니와 함께 이발소와 식료품점을 운영하며 생활의 안정을 유지했고, 신앙으로 변화된 모습은 오프라 윈프리에게 큰 울림을 주었다. 변화된 아버지와 새로운 환경 속에서 윈프리는 학교 교육의 기회를 얻었고, 독서와 암송, 사랑과 감사의 마음을 품기 시작했다. 그 결과 윈프리는 19살에 흑인 여성 최초로 테네시주 지역 TV 방송국 뉴스 앵커가 되었다. 3년 뒤에는 볼티모어 지역 방송국에서 뉴스 앵커와 아침 토크쇼 <사람들이 말하고 있다(People Are Talking)>의 진행을 맡으며 방송계의 토크쇼 여왕으로 성장할 발판을 마련했다. 테네시주립대학교에서 커뮤니케이션학을 전공하던 윈프리는 30세가 되던 1984년 시카고 지역 방송의 토크쇼 <오전의 시카고(AM Chicago)>를 맡게 되었고, 당시 낮은 시청률을 단기간에 급상승시켰다. 1985년에는 프로그램 이름을 아예 <오프라 윈프리 쇼(The Oprah Winfrey Show)>로 바꾸었으며, 1986년 전국 방송으로 확대되면서 미국에서 가장 시청률이 높은 토크쇼로 자리 잡았다. 이후 <오프라 윈프리 쇼>에는 2011년 종영까지 3만 명이 넘는 각계각층의 인물이 출연했으며, 전국 방송 시작 후 25년간 총 5,000회 방송을 진행하여 미국 내 시청자 수만 약 2,200만 명에 달하는 기록을 세웠다.

오프라 윈프리는 현재도 세계에서 가장 영향력 있는 여성 중 한 명으로 손꼽히며 왕성한 활동을 이어가고 있다. 그녀는 기회 있을 때마다 인종차별과 성차별에 반대의 목소리를 내고 있으며, 기부와 구호 활동을 통해 사회적 약자를 돕는 일에도 앞장서고 있다. 극도로 어려운 환경과 연속되는 시련 속에서 성장했음에도, 그녀는 늘 감사를 강조했다. “Be thankful for what you have, you'll end up having more. If you concentrate on what you don't have, you will never, ever have enough. 당신이 가진 것에 감사하면 결국 더 많이 갖게 될 것이다. 갖지 못한 것에만 집중한다면 결코 충분히 가질 수 없을 것이다." 윈프리는 매일 감사 일기를 쓰는 습관을 가졌고, 이를 통해 용서를 배우고 실천했다. 유대인 탈무드에는 "세상에서 가장 지혜로운 사람은 만나는 모든 사람에게 무엇인가를 배우는 사람이고, 세상에서 가장 행복한 사람은 자기 몫에 만족하여 감사하며 사는 사람이다"라는 말이 있다. 현대인들이 잊기 쉬운 '감사'라는 표현은 사회에 비타민처럼 활력을 불어넣고, 자주 사용하는 사람을 더 건강하게 만든다. 오프라 윈프리가 매일 다섯 가지 감사의 내용을 노트에 적으며 성공을 이룬 것처럼, 우리도 일상에서 '감사합니다'를 생활화하고 감사 노트를 적어보자. 일상 속에서 감사를 더 깊이 느끼고 자주 표현한다면, 오프라 윈프리를 통해 드러났던 감사의 비타민 T(Thanks)의 효과가 우리 모두에게도 나타날 것이다.

오프라 윈프리의 삶에서 감사와 더불어 빼놓을 수 없는 또 하나의 단어는 '사명(mission)'이다. 그녀가 하는 일에는 언제나 사명감이 있었기에 성공을 이룰 수 있었다. 오프라 윈프리는 『이것이 사명이다』에서 다음과 같이 말한다(참조 : 사명을 깨닫는 삶, 김성광 칼럼). "남보다 더 가졌다면, 그것은 축복이 아니라 사명이다. 남보다 더 아파하는 것이 있다면, 그것은 고통이 아니라 사명이다. 남보다 더 설레는 꿈이 있다면, 그것은 망상이 아니라 사명이다. 남보다 더 부담되는 무언가가 있다면, 그것은 짐이 아니라 사명이다(If you have more than others, it's not a blessing, but a mission. If you have pain more than others, it's not suffering, but a mission. If you have a more exciting dream than others, it's not a delusion, but a mission. If you have something burdensome more than others do, it's not a burden, but a mission).” 리더는 ‘왜 일하는가?’에 대해 분명한 답을 줄 수 있어야 하며, 스스로 확실한 답을 가지고 일해야 한다. 리더가 되고자 준비하는 사람들이나 더 좋은 리더가 되기를 꿈꾸는 사람들은 사명의 비타민 M(Mission)과 감사의 비타민 T(Thanks)를 매일매일 섭취하는 습관을 가져야 할 것이다.

6. 우장춘 농업생명공학의 선구자

61세로 아버지의 나라에서 생을 마감한 우장춘 박사는 길지 않은 삶을 살았지만, 그의 삶의 과정은 파란만장했고 그가 이룬 업적은 실로 대단한 것이었다. 우장춘은 1898년 4월 일본 도쿄도에서 아버지 우범선과 일본인 어머니 사카이 나카 사이에서 태어났다. 1895년 10월 8일, 당시 조선 주재 일본 공사를 중심으로 일본군 공사관 수비대와 경관, 일본인 낭인, 조선군 훈련대 등이 가세하여 경복궁에서 명성황후를 포함한 다수의 궁중 인사들을 살해한 명성황후 시해 사건(을미사변)이 일어났다. 우범선은 당시 조선군 훈련대 제2대대장으로 있으면서 사건에 가담한 인물로 알려져 있다. 그는 사건 후 일본인들의 보호 속에 일본으로 망명하였고, 그곳에서 사카이 나카와 결혼해 장남 우장춘을 얻었다. 그러나 우범선은 우장춘이 여섯 살이던 1903년 11월 일본 히로시마에서 개화파 지식인으로 알려진 고영근에게 암살당했고, 이후 집안 형편이 어려워진 우장춘은 고아원 생활을 하기도 했다. 집안 사정이 조금 나아진 후 히로시마현 쿠레중학교에 진학하였으며, 조선총독부의 학비 지원을 받아 도쿄대학 농과대학 실과를 거쳐 1919년 농림성 산하 국립농사시험연구소에 취직해 나팔꽃과 페튜니아의 유전에 관한 연구를 시작했다. 1930년 연구소 화재로 실험자료와 논문이 모두 소실되는 시련을 겪었지만, 1935년 세계 최초로 '종(種)의 합성이론'을 제시한 논문을 발표하였고, 이를 주 논문으로 삼아 1936년 5월 도쿄대학에서 농학박사 학위를 받았다.

"서로 다른 종의 식물을 교배하여 새로운 종을 만들 수 있다"는 '종種의 합성이론'은 우장춘 박사에 의해 최초로 확립되었다. 그는 1935년 「배추속 식물에서 유채의 실험적 형성과 특유의 수정 양식에 관한 게놈 분석」 논문을 통해 '배추와 양배추를 교잡하면 유채가 만들어진다'는 사실을 세계 최초로 밝혔다. 이를 바탕으로 다양한 종자를 개량·개발하여 육종학의 초석을 마련하였다. 즉, 염색체 10쌍의 배추와 염색체 9쌍의 양배추가 교잡하여 19쌍의 염색체를 가진 유채가, 염색체 10쌍의 배추와 염색체 8쌍의 흑겨자가 교잡하여 18쌍의 염색체를 가진 갓이 만들어진다는 '우의 삼각형(Triangle of U)' 이론을 정립한 것이다. 이 이론은 "같은 종끼리만 교배가 가능하다"는 당시 정설을 깨뜨렸을 뿐 아니라, "서로 다른 종의 식물은 각자의 환경에서 자연선택에 의해 개별적으로 진화한다"는 찰스 다윈의 <종의 기원>에서 제시된 '자연선택이론'과도 달랐기에 학계에 큰 반향을 불러일으켰다.

일본에서 연구 활동을 이어가던 우장춘 박사는 이승만 정부의 요청으로 1950년 귀국하였다. 그러나 귀국 직후 한국전쟁이 발발하면서 혼란한 상황 속에서도 우리나라 토양과 기후에 적합한 배추, 무, 고추, 양파, 애호박, 참외 등 한국인의 식탁에서 필수적인 채소 종자 개발에 매진하였다. 당시 우리나라는 1945년 해방의 기쁨도 잠시, 1950년 한국전쟁으로 전쟁과 가난에 시달리며 먹거리난을 겪고 있었다. 그는 정부가 지원해준 자금을 일본에 남아있는 가족을 위해 쓰지 않고, 씨앗과 육종 관련 도서, 실험 기구 등 연구에 필요한 자재를 구입하여 귀국하였다. 귀국 후 9년 5개월 동안 실용적인 종자 개발에 몰두한 끝에 김장에 적합한 속이 꽉 찬 배추와 무 종자를 대량 보급할 수 있게 하였다. 이러한 헌신과 업적으로 대한민국 문화포장을 받았으며, 1959년 8월 향년 61세를 일기로 아버지의 나라 대한민국에서 생을 마쳤다.

우장춘 박사는 아버지가 조국에 저지른 죄를 대신 속죄하겠다는 결심과, 일본에서 쌓은 학문적 성과를 토대로 당시 대한민국이 직면한 먹거리 문제를 해결하겠다는 소명의식을 품고 연구에 매진하였던 것으로 여겨진다. 또한 논문 발표 시 '우禹'씨 성을 그대로 사용함으로써 자신이 조선인임을 당당히 드러냈으며, 그로 인한 불이익도 감수하였다. 실제로 1919년부터 일본 국립농사시험연구소에서 약 17년간 말단 연구직으로 근무하면서 인기 있는 곡물부가 아닌 비인기 부서인 원예부에 배치되어 연구를 이어갔다. 조선인 아버지와 일본인 어머니 사이에서 태어난 그는 '종種의 합성이론'을 연구하며 언젠가는 양국이 협력하고 상생해야 한다는 생각을 품었을지도 모른다.

1950년, 50이 넘은 나이에 귀국하여 불과 10년도 되지 않는 기간 동안 오직 실용적인 연구로 국민의 삶을 향상시키는 데 헌신하였다. 그리고 귀국 인사에서 "아버지의 나라에서 일하며 조국에 뼈를 묻을 생각입니다"라는 약속을 끝까지 지켰다. 진정한 리더는 소명의식과 사명감을 가지고 일하는 사람이다. 오프라 윈프리가 말했듯이 "남보다 더 아파하는 것이 있다면, 그것은 고통이 아니라 사명이다." 우장춘 박사는 사명감으로 살아간 진정한 리더이자 농업생명공학의 선구자였다.

7. 허준 건강 10훈과 참살이

동의보감을 저술한 허준은 조선 중기의 의학자로, 30대 중반이던 1575년(선조 8년)부터 선조의 진료를 맡은 어의였다. 허준이 궁중 의사로 생활을 시작한 것은 1574년 내의원에 선발되면서부터이며, 이후 어의로 임명되어 선조의 병을 잘 진찰하고 치료하여 임금의 두터운 신임을 얻게 되었다. 1596년(선조 29년)에는 세자 광해군의 천연두를 고쳐 선조로부터 공로를 인정받아 종2품 가의대부(차관급)에 올랐다. 이 무렵 선조는 조선의 실정에 맞는 의서 편찬을 명하였고, 허준은 다른 어의인 양예수, 이명원, 김응탁, 정예남 등과 함께 동의보감 편찬 작업에 착수했다. 그러나 임진왜란 패전 후 일본이 다시 침략을 감행한 정유재란(1597년)이 발발하면서 작업은 1년 만에 중단되었다. 이후 1601년 선조는 허준에게 단독으로 동의보감 편찬을 명하였고, 선조 사후 광해군 2년(1610년)에 마침내 편찬을 완료하였다. 선조가 처음 명을 내린 1596년부터 무려 15년에 걸친 대작업이었다. 동의보감은 총 25권 25책으로 이루어졌으며, 출간 이후 중국에서 30여 차례, 일본에서 2차례에 걸쳐 간행되는 등 국제적으로도 주목받은 의학서가 되었다. 현재 우리나라 국보로 지정된 동의보감 어제본은 세계 의학사에 기여한 공로를 인정받아 2009년 7월 유네스코 세계기록문화유산으로 등재되었다.

사람 중심의 의학서인 동의보감은 병 발생 이전에 양생을 통한 예방, 병 발생 이후의 치료, 그리고 생활 속 건강 증진 지침 등을 포함한다. 이는 곧 인간의 삶의 질을 높이고자 하는 의학적 지향점을 보여준다. 동의보감은 섭생과 양생을 통해 병을 미리 막고 생활습관 개선을 통해 치료 효과를 높이고자 했다는 점에서 오늘날의 생활습관의학(Lifestyle medicine)과도 맞닿아 있다. 또한 조선 중기 유학자 율곡 이이가 제시했다고 전해지는 '건강 10훈'(아래)도 동의보감의 핵심 건강 사상인 섭생(攝生)론과 양생(養生)론과 연계된다. 다음은 '건강 10훈'의 지침들이다.

① 소식다작少食多嚼, 음식을 적게 먹고 많이 씹어라.
② 소육다채少肉多菜, 육식은 줄이고 채소는 많이 먹어라.
③ 소당다과少糖多菓, 단 것은 줄이고 과일은 많이 먹어라.
④ 소후다박少厚多薄, 진한 맛은 줄이고 담백한 맛을 늘려라.
⑤ 소노다소少怒多笑, 화는 줄이고 웃음은 늘려라.
⑥ 소번다면少煩多眠, 걱정은 줄이고 잠은 많이 자라.

⑦ 소욕다시少慾多施, 욕심은 줄이고 베품은 많이 하라.

⑧ 소언다행少言多行, 말은 줄이고 실천을 늘려라.

⑨ 소승다보少乘多步, 타는 것을 줄이고 걸음을 늘려라.

⑩ 소의다욕少衣多浴, 옷은 얇게 입고 목욕은 자주 하라.

이 밖에도 "소염다초少鹽多酢, 소금은 줄이고 식초는 늘려라."와 같은 지침도 있다.

이처럼 건강 10훈은 곧 건강 생활습관 지침이라 할 수 있다. '적게 먹고 많이 씹기, 육식은 줄이고 채소는 늘리기, 단맛은 줄이고 과일은 늘리기, 강한 맛보다는 담백한 맛을 추구하기, 싱겁게 먹고 신맛을 활용하기' 등은 오늘날에도 그대로 적용할 수 있는 식생활 지침들이다. 그러나 현대에는 참살이(웰빙)의 기본이 되는 식재료 자체가 위협받고 있는 현실도 있다. 예컨대, 가축 사육에 사용되는 사료의 성분에 따라 우리가 섭취하는 육가공품이나 유제품의 성분도 달라지기에 최근에는 곡물 사료 대신 100% 목초만 먹여 키운(100% Grass-fed) 육류 제품이 각광받고 있다. 채소와 과일의 경우에도 당도를 높이려는 재배 방식이 도입되면서 지나치게 단 과일을 소비하게 되는 경우가 많다. 결국 건강한 식생활을 지키기 위해서는 소비자의 현명한 선택이 필요하다. 소비자가 단맛을 과도하게 선호하면 생산자는 그 수요에 맞춰 생산할 수밖에 없기 때문이다. 따라서 건강 10훈의 식생활 지침을 생활 속에서 지혜롭게 실천하는 것이 중요하다. 또한 '화는 줄이고 웃음은 늘려라, 걱정은 줄이고 잠은 많이 자라, 욕심은 줄이고 베풀기를 늘려라'는 것은 마음 건강생활 지침이고, '말은 줄이고 실천은 늘려라'는 것은 언행 생활습관 지침, '타는 것은 줄이고 걷기는 늘려라'는 운동 생활습관 지침, '옷은 얇게 입고 목욕은 자주 하라'는 청결 생활습관 지침이다. 옛날에는 마차나 인력거 같은 교통수단을 많이 이용했지만, 오늘날에는 자동차, 엘리베이터, 에스컬레이터가 발달하여 걸을 기회가 줄어든 것도 사실이다. 따라서 가까운 거리는 일부러 걸어 다니고, 낮은 층은 계단을 이용하는 것만으로도 건강 생활습관을 실천할 수 있다. 이는 개인의 건강 증진뿐 아니라 에너지 절약을 통한 탄소중립 실천에도 기여할 수 있다. 결국 동의보감의 핵심 건강 사상과 연계되는 '건강 10훈'은 몸과 마음, 그리고 삶의 환경을 연결 지으며 현대인이 추구하는 참살이를 위한 귀중한 지침이라 할 수 있다.

리더는 배우고 실천하는 자라야 한다. 허준은 그런 자세로 동의보감을 완성했다. 그는 최선을 다해 자료를 모으고 연구했을 뿐 아니라, 병으로 고통받는 이들의 아픔을 덜기 위해 의술을 실천한 리더였다. 다른 의관들조차 두려워했던 두창이라는 병에 맞서 싸워 이겨낸 사례는 이를 잘 보여준다. 허준은 의사로서 사람 중심의 의

서인 동의보감을 집필했고, 그 정신을 실천했다. 어쩌면 서자로 태어나 약자로 여겨진 처지를 극복하기 위해 더 열심히 공부하고 연구했을지도 모른다. 그러나 무엇보다 중요한 점은, 리더는 언제나 종이 한 장에서도 양면을 볼 수 있고, 노먼 빈센트 필이 긍정적 사고를 강조했듯이 "부정보다는 긍정을, 위기보다는 기회를, 태풍 속의 구름보다는 구름 위의 태양"을 바라보는 비전을 가진 사람이라는 것이다. 허준은 그러한 비전을 지닌 인물이었으며, 그래서 훌륭히 자신의 임무를 다했고 지금도 높이 평가받아야 마땅하다.

8. 헤리엇 터브먼 발행되지 않은 20달러 지폐

1800년대 초부터 미국 남부와 북부 간에는 노예제도에 대한 이견으로 갈등이 심화되고 있었다. 남부의 목화 농업에는 흑인 노예들의 노동력이 절대적으로 필요했고, 북부는 제조업 발달로 인해 자유롭게 일하는 노동자가 필요하였다. 또한 1800년대 중반에는 미국 동부와 서부를 잇는 철도공사를 계기로 서부지역을 선점하기 위한 양측의 갈등이 격화되었고, 1860년대 말 노예제도를 반대하는 에이브러햄 링컨이 대통령으로 당선되면서 남부의 연방탈퇴와 극심한 무장소요 등으로 인해 1861년에는 남북전쟁이 시작되기에 이른다.

헤리엇 터브먼(1822~1913)은 미국 동부 메릴랜드주 도체스터 카운티에서 흑인 노예로 태어나 어린 시절 여러 농장에서 일하며 폭력과 사고(헤리엇의 나이 12세 때, 다른 노예를 잡으려던 주인이 던진 금속 물체에 머리를 맞음)로 평생 두통과 경련에 시달려야 했다. 노예로서의 고단한 생활 속에서 자유에 대한 열망은 점점 커져갔고, 1849년 그녀의 나이 27세가 되던 해 주인이 사망한 것을 계기로 메릴랜드주를 탈출하여 북부의 펜실베이니아주 필라델피아에 이르게 된다. 이때 헤리엇의 성공적인 탈출에 도움을 준 조직이 소위 '지하철도'로 알려져 있다. 지하철도는 노예들을 탈출시키기 위해 만들어진 '비밀 네트워크'로, 여러 은신처를 두고 활동한 조직을 의미한다.

헤리엇은 탈출한 후 더 많은 흑인 노예들을 구출하기 위해 지하철도에서 활동하며 리더격인 '차장'으로 일하게 된다. 노예들을 잡아 이득을 얻으려는 소위 '노예 사냥꾼'들을 피해 안전하게 탈출시키는 일은 고도의 전략이 필요했기에 헤리엇은 계절과 날씨, 주인의 동선까지 고려한 치밀한 계획을 세워 실행하였다. 이렇게 지하철도를 통해 그녀가 탈출시킨 노예들의 수는 남북전쟁 전 기준으로 약 300명에 이르고, 남북전쟁 동안에는 북군의 간호사, 세탁부, 스파이로 활동하며 약 750명의 흑인 노예들을 구출한 것으로 알려져 있다. 노예들 사이에서 헤리엇 터브먼은 '검은 모세(Black Moses)'로 불렸다. 성경에서 이스라엘 민족을 이집트에서 구해낸 인물 '모세'를 비유하여 붙여진 별명이다.

1861년 4월, 노예제 존폐와 관련된 갈등으로 남부의 7개 주가 아메리카 합중국에서 탈퇴하면서 시작된 남북전쟁은 1865년 4월 북군인 아메리카 합중국의 승리로 종결되어 미국은 다시 통일되었다. 이 전쟁에서 군인과 민간인을 포함하여 모두 100만 명 이상이 사망한 것으로 알려져, 그 당시 상황이 얼마나 처참했는지를 짐작할 수 있다.

전쟁이 끝난 후 헤리엇은 뉴욕주 오번에 정착하여 여성 참정권 운동과 소수 인종 인권활동을 펼치며 여생을 보내다 1913년 3월, 91세의 나이로 사망한다. 헤리엇 터브먼은 노예 해방과 노예제 철폐, 인권 회복을 위한 비전의 삶을 살았다. 가족을 포함한 수많은 노예들을 탈출시켰으며, 인간의 기본 권리인 자유를 회복하고, 국민으로서 누려야 할 정당한 권리에 대한 당위성을 많은 흑인과 여성을 대신해 외쳤다.

1978년 헤리엇은 흑인을 기리는 첫 번째 우표의 주인공이 되었고, 2002년에는 "100명의 위대한 미국 흑인들" 명단에 포함되었다. 2016년 미국 오바마 대통령은 20달러 지폐의 새로운 주인공으로 헤리엇 터브먼을 선정했다고 발표했으나, 그 지폐는 아직 발행되지 못했고, 2022년 말 당시 미 재무부 장관은 "2030년 발행을 목표로 작업을 진행 중"이라고 밝혔다. 이런 가운데 2024년 초 미국 조폐국은 헤리엇 터브먼 탄생 200주년을 기념하여 2022년부터 준비해 온 기념주화 3종을 공개하였다. "사회정의에 투신한 터브먼의 이야기가 담긴 동전"이라 소개된 터브먼 기념주화는 5달러 금화, 1달러 은화, 50센트 은화 등 모두 3종이다.

헤리엇 터브먼은 노예의 삶을 살다가 수많은 노예들을 자유의 삶으로 인도한 리더였을 뿐 아니라, 부당한 제도의 개선과 철폐, 노예 해방, 인권 회복 등 약자를 위한 비전을 품은 사람이었다. 비전은 "10~30년에 걸쳐 추구되는 선명한 목표"라 하였던가 (성공하는 기업들의 8가지 습관, 짐 콜린스 · 제리 포라스 공저, 워튼 포럼 역). 헤리엇 터브먼이 12세 때 당한 불의의 사고를 계기로 자유에 대한 열망을 키운 지 15년이 지난 27세에는 메릴랜드주에서 필라델피아로 탈출하였고, 그로부터 다시 15년이 지난 1865년에는 남북전쟁이 북군의 승리로 막을 내렸다.

저자는 대학 강단에서 학생들을 대할 때 적어도 10년간의 목표를 가져야 한다고 자주 강조하였다. 10년 후 자신의 모습을 그려보고 비전을 가지라는 뜻이었다. 10년의 계획을 세워 추진력을 발휘한다면 거의 모든 목표는 10년이 되기 전에도 이룰 수 있을 것이다. 헤리엇 터브먼이 살았던 시대적 환경은 목숨을 걸고 목표를 향해 가야 했지만, 지금 우리는 비전을 펼치기에 매우 좋은 환경에 있는 것은 분명하다.

"모든 위대한 꿈은 꿈꾸는 사람으로부터 시작된다(Every great dream begins with a dreamer)"(헤리엇 터브먼).

"시력은 있으나 비전이 없는 사람이 세상에서 가장 동정 받아야 할 사람이다(The most pathetic person in the world is someone who has sight, but has no vision)"(헬렌 켈러).

이들의 말은 꿈꾸는 자가 있어야 위대한 일이 이루어질 수 있고, 꿈꾸는 자가 리더이며 행복한 사람임을 알려주고 있다.

9. 서희 / 양규 / 강감찬 고려거란전쟁의 영웅

고려高麗는 918년 태조 왕건이 건국하였고, 이어 936년에는 후삼국(고려, 후백제, 신라)을 통일하여 함경북도 지역을 제외한 한반도 전역을 영토로 삼아 1392년까지 약 474년간 유지되었던 국가이다. 태조 왕건은 고려 건국 이후 안으로는 행정개혁을 통한 중앙집권 체제를 강화하였고, 밖으로는 북진정책을 펼치며 옛 고구려의 영토를 회복하고자 하였다. 고려 건국보다 2년 앞선 916년에는 현재의 몽골과 만주 지역에서 유목생활을 하던 거란족이 요나라를 세웠고, 926년 거란족이 발해를 멸망시키자 고려는 발해 유민을 포섭하며 북진정책을 추진하였다. 942년 태조 왕건은 발해를 멸망시킨 거란이 신뢰할 수 없는 나라라 판단하고, 거란 태종이 보낸 낙타 50필을 만부교에서 굶겨 죽이고 30명의 사신을 유배 보내며 단교 조치를 내렸다. 이후 고려는 관군 30만 명을 양성하며 거란의 침입에 대비해 북진정책을 이어갔고, 송나라와는 가까운 관계를 유지하는 동안 거란과의 단교는 고려 6대 성종 때(981~997년)까지 약 50년간 지속되었다. 또한 송나라는 고려뿐 아니라 압록강 유역의 발해 유민이 세운 정안국과도 협력하여 거란을 공격할 계획을 세웠으나, 986년 거란이 정안국을 멸망시키고 압록강 유역에 성을 쌓아 고려 침공의 교두보를 마련하기 시작하였다.

거란의 고려 침공은 993년(성종 12년) 10월, 소손녕이 대군(기록에는 80만으로 전하나 과장된 수치로 추정)을 이끌고 오면서 시작되었다. 이것이 제1차 고려-거란 전쟁이다. 거란은 고려가 신라를 계승하여 나라를 세웠음에도 북진정책을 추진하며 북쪽 땅을 차지하려 하고, 송나라와 지속적으로 교류한다는 점을 침공 명분으로 삼았다. 고려는 첫 봉산군 전투에서 소손녕의 군대에 패배하여 선봉장 윤서안이 포로로 잡혔다. 그러나 안융진 전투에서는 방어에 성공하여 대치 상태에서 협상을 시작할 수 있었다. 고려 조정에서는 거란에게 항복해야 한다는 항복론과 서경 이북 땅을 거란에 내주자는 할지론이 대립하고 있었던 터라, 안융진 방어 성공은 양측 모두에게 협상의 계기가 되었다. 성종은 항복론도, 할지론도 아닌 항전을 주장해온 서희를 보내 소손녕과 담판하게 하였다. 서희는 고려가 본래 고구려를 계승한 나라임을 강조하며, 거란이 점유하고 있는 북쪽 땅은 원래 고구려의 영토이니 고려가 차지하는 것이 마땅하다고 주장하였다. 또한 압록강 유역을 점거한 여진족을 고려가 몰아내고, 대신 거란과의 교류를 원활히 하자는 제안을 통해 합의를 이끌어냈다. 이 협상으로 고려는 흥화진, 통주, 귀주, 곽주, 용주, 철주 등 이른바 강동 6주를 확보하여 압록강 유역까지 영토를 회복하고 성을 쌓아 방어 거점을 마련할 수 있었다.

서희가 1차 전쟁에서 싸우지 않고도 영토를 확장한 영웅이었다면, 양규는 2차 전쟁의 영웅으로 흥화진 사수와 곽주성 탈환 등 큰 공을 세우며 고려를 지키다 전장에서 장렬히 전사하였다. 1010년(현종 1년) 고려는 정치적으로 극심한 혼란에 빠져 있었다. 천추태후와 김치양이 그들의 아들을 왕위에 올리려 하자, 무인 강조가 이들을 제거하고 목종까지 시해한 뒤 현종을 옹립하며 정권을 장악하였다. 거란은 이를 구실 삼아 강조의 죄를 묻는다는 명분으로 1010년 11월 40만 대군을 이끌고 고려를 침공하였으니, 이것이 제2차 고려-거란 전쟁이다. 표면적인 명분은 강조의 죄를 묻는다는 것이었으나, 실제로는 강동 6주의 탈환과 고려의 송나라 교류 차단, 나아가 고려를 종속하려는 의도가 숨어 있었다. 양규가 흥화진 사수에 성공하였으나, 거란 성종은 통주 전투에서 강조를 사로잡아 죽이고 곽주 등을 함락하며 수도 개경까지 내려왔다. 강조를 처벌한다는 명분은 이미 사라졌으나, 거란은 현종을 굴복시켜 고려를 지배하려 하였다. 그러나 현종이 나주로 피신하면서 거란의 계획은 실패로 돌아갔다. 당시 조정에서는 항복론이 우세하였지만 강감찬의 강력한 반대 의견을 현종이 받아들여 몽진(임금이 난리를 피하여 안전한 곳으로 피신함)을 단행하였다. 현종의 피난은 1010년 12월 28일부터 1011년 1월 13일 사이에 이루어졌다. 거란군은 개경으로 진격하며 병참이 차단된 상태였고, 현종은 친조를 조건으로 거란 철수를 유도해 위기를 모면하였다. 1011년 1월 28일, 양규 등이 이끄는 고려군은 철수하던 거란군을 추격해 큰 피해를 입혔으나 양규와 김숙흥은 전장에서 장렬히 전사하였다.

2차 전쟁 후 약 8년이 지난 1018년 12월, 거란은 소배압이 이끄는 10만 대군으로 다시 고려를 침공하였다. 이것이 제3차 고려-거란 전쟁이다. 현종 즉위 초부터 그를 보좌하며 고려의 위기를 극복해온 강감찬은 1018년 서경유수 겸 내사시랑평장사에 임명되어 내정과 외정을 모두 맡게 되었다. 강감찬은 948년(정종 3년)에 태어나 983년 문과에 장원급제한 뒤 예부시랑, 한림학사, 평장사 등을 역임하며 문관 최고위직에 오른 인물이었다. 70세가 넘은 나이에 다시 고관직에 기용된 그는 거란과의 전쟁을 종식시키겠다는 일념으로 대비를 강화하였다. 같은 해 10월 서북면행영도통사에 임명된 데 이어, 12월 거란군이 침공하자 현종은 강감찬을 상원수에 임명해 전쟁을 총괄 지휘하게 하였다. 거란은 고려가 친조 약속을 지키지 않고 강동 6주 반환 요구도 거절하자 이를 강제로 관철하려 한 것이다.

거란의 10만 대군에 맞서 고려는 강감찬이 이끄는 20만 군사로 맞섰다. 강감찬은 흥화진, 자주, 마탄 등에 군을 배치하고 매복 작전을 펼쳐 거란군을 섬멸하였다. 큰 피해를 입은 소배압은 개경을 목표로 진격했으나, 강감찬은 백성들을 성 안으로 대피시키고 성 밖의 물자와 식량을 없애는 '청야 전술淸野 戰術'을 펼쳐 거란군을 지치게 만들었다. 퇴각하던 거란군을 귀주성 앞 벌판에서 맞아 약 9만의 기병 위주 거란군과 대회전을 벌였다. 수적으로 우세했지만 기병군과 벌판에서의 전투는 위험한 선택이었으나, 강감찬은 '망치와 모루' 전략으로 전면에서 배수진을 치고 측후방에서는 기마부대가 타격하는 전법을 구사하였다. 1019년 1월, 김종현이 이끄는 기마부대가 합류하자 고려군은 대승을 거두었고, 이 귀주대첩으로 약 27년간 이어진 고려-거란 전쟁은 종식되었다.

서희, 양규, 강감찬은 굳센 기상과 애국심으로 고려를 지켜낸 영웅이며, 코리아(KOREA)를 수호한 위대한 리더들이다. 리더는 사명을 품고 살며 끝내 그 사명을 완수하는 사람이다. 이들이 지녔던 사명은 외세의 간섭과 침략으로부터 나라를 지키고, 후손들에게 떳떳하고 자랑스러운 국가를 물려주는 것이었다. 1019년 2월, 제3차 고려-거란 전쟁의 종식은 고려 건국(918년) 이래 국제적 위상이 가장 높아지고, 국내적으로도 안정을 이루어 번영의 고려시대를 열 수 있는 중대한 계기가 되었다.

10. 정약용 다산茶山의 삶과 시간

다산 정약용은 조선시대 유학자이자 실학자로, 1762년(영조 38년) 경기도 광주부 마재리(현 남양주시)에서 태어나 1836년(헌종 2년) 향년 75세로 생을 마감하였다. 그는 영조(1724~1776), 정조(1776~1800), 순조(1800~1834), 헌종(1834~1849) 등 4대 임금의 시대를 거치며, 당시 기준으로 장수의 삶을 살았다. 정약용은 관직에 있던 아버지를 따라 화순, 예천, 서울 등지에서 생활하며 여러 학문을 접할 기회를 얻었고, 20세 전후 본격적으로 과거 시험을 준비하여 22세에 진사시에 합격한 뒤 성균관에 입학하였다. 이후 1789년, 28세(정조 13년)에 문과에 급제해 벼슬길에 올라 약 10년간 정조의 신임과 총애 속에 다양한 관직을 두루 거치며 관료로서의 역량을 발휘하였다. 이 시기에 거중기와 녹로를 개발해 수원화성 축성에 활용, 공사비 절감과 기간 단축에 기여했으며, 한강에 '배다리'라 불리는 부교를 설치해 정조의 사도세자 능행을 도운 과학자이자 공학자이기도 하였다. 또한 그는 의학에도 조예가 깊어 1798년 '마과회통'을 집필하며 홍역과 천연두 치료에도 큰 관심을 보였다.

1800년(정조 24년), 39세였던 정약용은 천주교 문제로 관직에서 물러나 고향 마재리로 내려갔다. 그러나 같은 해 정조가 갑작스레 세상을 떠나고, 1801년(순조 1년) 신유사옥이 일어나자 정약용은 경상도 장기(현 포항시)로 유배되었다. 같은 해 11월, 황사영 백서 사건의 여파로 다시 전남 강진으로 유배지를 옮기게 되었다. 정조의 총애를 받던 측근에서 불과 1년여 만에 종교 문제를 빌미로 유배까지 가게 된 것이다. 그는 유배 중 수차례 문초와 투옥을 겪었으나, 18년간의 긴 강진 유배생활과 57세 해배 이후 고향에서 생을 마감할 때까지 올곧은 생각과 왕성한 집필, 끊임없는 학문적 모색을 이어갔다. 강진 유배 초기에 머문 '사의재

四宜齋(네 가지를 마땅히 지켜야 할 이가 거처하는 집)'는 다산이 "생각은 맑게, 용모는 단정하게, 말은 적게, 행동은 무겁게" 해야 한다는 가르침을 담아 지은 이름이었다(참조 : 다산 정약용의 사의재, 서화동 칼럼). 이후 그는 고성사의 보은산방, 제자의 집 등을 전전하다가 47세이던 1808년 봄 만덕산 백련사 인근 다산초당으로 옮겨 약 10년간 머물며 '경세유표', '목민심서', '흠흠신서' 등 500여 권의 저술을 남겼다. 이 시기 다수의 제자들을 길러내며 실학사상을 전수했고, 제자들은 각자 학문적 성취를 이루며 사회에 기여하였다.

조선시대 평균 수명이 40세 안팎이었던 점을 감안하면, 다산 정약용의 75세 삶은 매우 장수한 것이다. 그는 20세까지는 아버지를 따라 여러 지방에서 생활하며 견문을 넓혔고, 40세 이전까지는 학문과 관직을 통해 정조의 든든한 신하가 되었다. 그러나 정조 사후에는 18년간의 강진 유배와 해배 이후 약 18년의 고향 생활 속에서 실학사상을 집대성하여 '다산학'이라는 거대한 학문적 업적을 세웠다. 특히 인생의 후반기를 왕성하게 살 수 있었던 이유는 불현듯 닥친 위기 속에서도 자신의 소명을 새롭게 발견하고 이를 승화시켰기 때문이었다. 그는 긍정적인 사고와 원망하지 않는 마음을 바탕으로, 꾸준한 걷기 운동, 차를 즐기고 나누는 습관, 나이를 불문한 벗과 제자들과의 교류를 이어갔다. 다산초당에 머무는 동안 혜장선사, 초의선사와 교류하며 학문을 논하고 차 문화를 나누었고, 아들 또래의 초의선사와는 학문과 차 제조법까지도 공유하였다. 또한 다산 18 제자들과 토론하고 학문을 키워가며 실학적 사유를 확장시켰다. 해배 후에는 고향 마재에서 지내며 운길산 수종사를 찾아 차를 즐긴 것으로도 알려져 있다.

다산의 40대 이후 삶은 자칫 잃어버릴 수도 있었던 인생이었다. 그러나 그는 40세 이전의 삶을 "나를 잃어버린 시간"이라 칭하고, 이후 바닷가 유배지에서 "잃어버린 나를 찾았다"고 했다(다산의 마지막 습관, 조윤제 저). 이는 다행스러운 자기 성찰이었으며, 그가 위대한 리더로 거듭날 수 있었던 이유였다. 정약용은 젊은 시절에도 뛰어난 인물이었지만, 40세 이후에는 더욱 성숙한 리더였다. 그는 늘 백성들의 삶의 질 개선에 관심을 두었고, 실학 리더로서 제자를 기르고 자녀를 교육하며, 모두가 더불어 살아가는 세상을 위한 구체적 실천 방안을 제시한 소명감 충만한 리더였다.

11. 로라 브리지먼과 앤 설리번 기적을 이끈 특수교사들

로라 브리지먼(1829.12~1889.05)은 점자와 수어로 영어를 익힌 미국 최초의 시청각장애인으로 알려져 있다. 그녀는 두 살 때

성홍열을 앓은 뒤 시각과 청각을 잃게 되었으나, 8세가 되던 1837년 미국 최초의 시각장애인 학교인 퍼킨스 시각장애인학교 교장이던 새뮤얼 그리들리 하우 박사를 만나 점자를 통해 영어 알파벳을 배웠다. 이듬해인 1838년에는 자신의 이름을 쓸 수 있었고, 1840년에는 첫 산수 수업을 들을 수 있었다. 하우 박사는 로라 브리지먼을 교육한 방법과 성과를 유럽 잡지에 소개하였으며, 영국 작가 찰스 디킨스는 1842년 1월 미국 여행 중 퍼킨스 학교를 방문하여 그녀를 만나 큰 감명을 받았다. 디킨스는 이 경험을 자신의 여행기 『American Notes: 미국 여행 노트』에 기록했고, 이를 읽은 많은 사람들이 로라 브리지먼을 보기 위해 퍼킨스 학교를 찾았다고 한다.

앤 설리번 메이시(1866.04~1936.10)는 헬렌 켈러(1880.06~1968.06)의 스승이자 세계적으로 가장 뛰어난 특수교사로 알려져 있다. 그러나 그녀의 어린 시절은 고통과 시련의 연속이었다. 다섯 살 무렵 트라코마라는 바이러스에 감염되어 시력을 거의 잃었고, 여덟 살에는 어머니가 결핵으로 세상을 떠났다. 열 살에는 알코올 중독자였던 아버지에게 버림받아 동생과 함께 빈민 아동보호시설에 맡겨졌으나, 유일한 혈육이던 동생마저 세상을 떠났다. 설리번은 깊은 상실감과 충격으로 정신적으로 큰 어려움을 겪었고, 자살을 시도하거나 괴성을 지르는 등 이상행동으로 회복 불능 판정을 받아 정신병동 지하 독방에 수용되기도 했다. 이런 그녀가 14세가 되던 1880년, 퍼킨스 시각장애인학교에서 시간제 특수교사로 일하던 로라 브리지먼을 만난 것은 인생의 전환점이었다. 브리지먼은 1850년까지 정식 교육을 받은 뒤 고향에서 생활하다가 학교로 돌아와 점자와 바느질 등을 가르쳤으며, 특히 앤 설리번과는 모녀처럼 가까운 관계를 맺었다. 다행히 설리번은 재학 중 수술을 받아 시력을 어느 정도 회복할 수 있었고, 1886년 졸업식에서는 대표 연설을 맡을 만큼 성장하였다.

헬렌 켈러는 1880년 6월 미국 남부 앨라배마주 터스컴비아에서 독일계 미국인 가정의 장녀로 태어났다. 아버지는 군 장교 출신으로 남북전쟁 당시 남군 대위로 참전했으며, 어머니는 뉴잉글랜드의 명문 아담스 가문과 친척 관계였다. 헬렌은 비장애인으로 태어났으나, 두 살이 되기 전 앓은 병(성홍열 혹은 수막염으로 추정)으로 시각과 청각을 모두 잃고 언어장애까지 겪게 되었다. 1886년 퍼킨스 학교를 막 졸업한 앤 설리번을 헬렌의 교사로 추천한 이는 당시 교장이던 마이클 애나그너스였다. 이는 헬렌의 어머니가 찰스 디킨스의 여행기를 읽고, 하우 박사의 교육 방식을 잘 아는 교사를 요청했기 때문이다. 설리번은 헬렌을 만나기 전 하우 박사의 로라 브리지먼 교육 기록을 꼼꼼히 익혔다고 한다. 헬렌 켈러는 브리지먼보다 51년 뒤에 태어났지만, 설리번과 퍼킨스

학교를 통해 브리지먼과 연결되고 있었던 것이다. 당시 헬렌의 나이는 7세, 설리번은 21세였다.

어린 나이에 스승이 된 앤 설리번이 헬렌 켈러와 약 48년간 동고동락同苦同樂하며 함께할 수 있었던 것은 비범한 인내심과 창의적인 교육법, 그리고 자신이 겪었던 장애 극복 경험에서 비롯된 깊은 인간애 덕분이었다. 설리번은 펌프에서 나오는 물을 헬렌의 손에 대고, 동시에 손바닥에 'Water'라는 알파벳을 써주어 단어의 의미를 알려주었다. 이어 모든 사물에는 이름이 있다는 사실을 깨닫게 했고, 반복적인 훈련을 통해 헬렌은 손바닥 수화를 익혀 조금씩 의사소통이 가능해졌다. 이후 퍼킨스 학교, 라이트 휴메이슨 농아학교, 호레이스맨 농아학교 등을 거치며 목의 진동과 입 모양을 느끼는 방식으로 발음을 배우고 언어능력을 되찾았다. 1900년 헬렌은 래드클리프 여대(후에 하버드대학교에 통합)에 입학해 최초의 시청각장애인 대학생이 되었으며, 설리번은 손바닥 필기를 통해 강의 내용을 전달했다. 헬렌은 학업뿐 아니라 승마, 댄스, 외국어 학습에도 열정적이었으며, 1904년 우등으로 졸업하여 최초의 시청각장애인 대학 졸업자가 되었다. 이후 작가, 강연자, 인권운동가로 활발히 활동하며 오늘날까지 장애 극복과 인간 승리의 상징으로 기억되고 있다.

로라 브리지먼에서 앤 설리번으로, 다시 헬렌 켈러로 이어진 교육의 흐름은 기적이라 불릴 만하다. 이 교육의 바탕에는 시청각장애라는 아픔을 극복하는 과정에서 얻은 지식, 특수교사로서의 사명감, 그리고 강한 의지와 인간애가 자리 잡고 있었다. 설리번은 헬렌에게 "계속 시작하고, 실패하라. 실패할 때마다 성취가 뒤따를 것이다."라는 말을 반복했다고 한다. 이러한 끊임없는 반복과 맞춤형 교육을 통해 헬렌은 학문적으로, 인간적으로 성장할 수 있었다. 이는 "학이시습지 불역열호學而時習之 不亦說乎"라는 논어의 첫 구절을 떠올리게 한다. 배우고 익히는 과정은 언제나 기쁨을 주며, 이는 시대를 막론하고 우리가 추구해야 할 삶의 기본자세이자 리더를 길러내는 교육의 덕목이라 할 수 있다.

12. 넬슨 만델라 용서와 자유

약 2,500년 전에 공자의 제자 자공이 "평생토록 행할 만한 한 글자의 교훈이 있습니까?"라고 묻자, 공자는 "아마도 그것은 용서일 것이다"라고 대답하였다. 제자 베드로가 예수께 "주님, 형제가 저에게 죄를 저지르면 몇 번이나 용서해 주면 됩니까? 일곱 번까지 용서해 주면 되겠습니까?"라고 묻자, "일곱 번뿐 아니라 일곱 번씩 일흔 번까지라도 용서하라"라고 말씀하셨다. 용서는 매우 중요한 교훈이며 반드시 실천해야 할 덕목이지만, 상황에 따라 결코 쉬운 일이 아님을 우리는 잘 알고 있다. 용서와 관용을 바탕으로 섬김의 리더십을 발휘한 세계 최초의 흑인 대통령이 있다. 바로 남아프리카공화국 제8대 대통령을 지낸 넬슨 만델라(1918.07~2013.12)이다. 남아프리카공화국은 1652년부터 1990년대 초반까지 약 350년 동안 네덜란드와 영국의 식민지 지배를 받아온 나라였다. 만델라는 남아프리카연방 트란스케이 움타타에서 한 부족장의 아들로 태어났으며, 아홉 살 때 아버지를 여의었지만, 부족장의 후원을 받아 초·중·고교 교육과 포트헤어대학교(University of Fort Hare)에서 대학 교육을 받을 수 있었다.

포트헤어대학교 재학 시절, 만델라는 열악한 급식 개선 등을 요구하다가 결국 정학 처분을 받았다. 이후 법학 공부를 다시 시작하여 변호사가 되었고, 1944년 아프리카민족회의(ANC) 청년연맹 창설을 계기로 백인 정권의 흑인 차별정책에 맞선 투쟁에 본격적으로 나섰다. 처음에는 비폭력 저항운동으로 시작했으나, 1948년 아파르트헤이트(Apartheid) 정책 실시와 1960년 샤프빌 학살 사건을 거치며 투쟁의 강도는 극도로 높아졌다. 결국 만델라는 남아프리카공화국 정부로부터 사보타주(sabotage, 태업)와 테러, 반역죄 등의 혐의로 종신형을 선고받고 27년간 수감 생활을 하게 된다. 이 중 18년은 로벤섬(Robben Island) 교도소에서 보냈으며,

나머지 기간은 폴스무어 교도소와 빅터 퍼스터 교도소, 그리고 때로는 백인 교도관의 집에서 사실상 감옥과 다름없는 생활을 이어갔다.

만델라가 수감되어 있는 동안 남아프리카공화국 내부는 물론 해외에서도 그의 석방 요구가 거세졌다. 세계 각국의 재야 인사들이 목소리를 높였고, 유명 음악가들은 석방 촉구 콘서트를 열기도 했다. 마침내 1990년 남아프리카공화국 정부는 만델라를 석방하고 아프리카민족회의(ANC)를 합법 정당으로 승인하였다. 석방 후 지도자로 복귀한 만델라는 1991년 정부와 국민당, 민주당, 인도계 정당 등과 협상을 통해 아파르트헤이트 철폐를 이끌어냈다. 그리고 1994년, 흑인들에게 처음으로 투표권이 주어진 역사적인 첫 민주 선거에서 승리하여 남아프리카공화국 최초의 흑인 대통령이 되었다. 같은 해 5월 10일 취임식 연설에서 그는 "상처를 치유할 때가 왔습니다. 우리를 갈라놓은 심연(깊은 간극)을 메울 순간이 왔습니다. 이제 새로운 미래를 건설해야 할 때가 바로 우리 앞에 놓였습니다(The time for the healing of the wounds has come. The moment to bridge the chasms that divide us has come. The time to build is upon us)"라고 선언하며 국민들에게 화해와 용서의 메시지를 전했다.

대통령이 된 만델라는 '진실과 화해 위원회'를 구성하여 과거 자신을 투옥했던 이들을 포함한 인권 침해자들에게 진실을 고백하고 용서를 구할 기회를 주었으며, 전원 사면을 선언했다. 당시 백인들은 보복을 두려워해 해외 망명을 준비했으나, 만델라의 화해와 용서 정책 덕분에 이들도 국가의 일원으로서 위기 극복에 함께할 수 있었다. 그는 이렇게 말했다. "삶에서 가장 큰 영광은 결코 실패하지 않는 것이 아니라, 실패할 때마다 다시 일어나는 데 있다(The greatest glory in living lies not in never falling, but in rising every time we fall)." "용감한 사람은 두려움을 느끼지 않는 사람이 아니라, 그 두려움을 극복하는 사람이다(The brave man is not he who does not feel afraid, but he who conquers that fear)." "용서는 나를 자유롭게 하는 가장 강력한 힘이다(Forgiveness is the most powerful force that sets me free)." "분노를 품는 것은 독을 마시고서 그 독이 적을 죽이기를 바라는 것과 같다(Resentment is like drinking poison and then hoping it will kill your enemies)."(참조 : 넬슨 만델라 명언 30, 로라조 역; 위인들의 영어 명언 30 - 넬슨 만델라 - 이루리 저)

넬슨 만델라는 27년간의 수감 생활에서도 배웠고, 대통령이 되어서도 배웠다고 말했다. 그는 감옥에서조차 용서를 통한 진정한 자유를 깨달았으며, 이를 대통령이 되어 실천했다. "나는 실패한 적이 없다. 나는 성공하거나, 배우거나 둘 중 하나다."라는 그의 말에서, 어떤 상황에서도 배우고 성장하려는 굳은 의지를 읽을 수 있다. 그가 보여준 용서와 화해의 정신은 증오와 복수심에 사로잡힌 대중들에게 진정한 자유, 곧 정신적 자유를 누리는 길을 제시함으로써 진정한 리더의 면모를 보여주었다.

13. 장계향 여중 군자

조선시대 여성 중 '여자 중의 군자女中君子'라는 별칭을 얻은 장계향(1598.11~1680.7)은 경북 안동 금계리에서 아버지 장흥효와 어머니 안동 권씨 사이에서 외동딸로 태어났다. 결혼 후 18년간 자녀가 없던 장흥효는 35세 되던 해에 장계향을 얻었다. 오랜 기다림 끝에 얻은 외동딸의 영특함을 알아본 장흥효는 딸임에도 불구하고 어릴 적부터 실천을 중시하는 학문을 가르쳤으며, 장계향의 재능은 시(학발시, 소소음 등), 글씨(초서체 등), 그림(맹호도 등)에서 두드러졌다. 장계향이 10~15세 무렵 지은 것으로 알려진 '학발시鶴髮詩'와 '소소음蕭蕭吟'은 감수성이 풍부하게 담긴 작품으로 평가된다. 조선 후기 영의정을 지낸 채제공은 학발시에 대해 "중국의 시경 삼백편 중에도 부녀의 작품이 많지만 학발시만한 것이 없다"고 극찬했다고 전해진다. 학발시는 먼 변방으로 군대에 간 아들을 기다리는 노모의 애타는 마음을 그려내어, 어린 시절부터 장계향이 지녔던 애민의 성품을 잘 보여준다.

<학발시鶴髮詩>

'학발(하얀 백발) 늙은이 병들어 누웠는데 자식은 만리 밖에 있구나(鶴髮臥病 行子萬里), 만리 밖에 있는 자식은 어느 달에 돌아올까(行子萬里 曷月歸矣), 학발 늙은이 병을 안고 있으니 서산의 해는 저물어 가는구나(鶴髮抱病 西山日迫), 두 손 모아 하늘에 빌어 보건만 하늘은 어찌 대답이 없나(祝手于天 天何漠漠), 학발 늙은이 병든 몸 붙들고 일어서다가 또 주저앉는구나(鶴髮扶病 或起或陪), 지금 형편이 이러한데 옷자락 끊고 떠나면 어찌할까(今尙如斯 絶据何若)' (참조 : 학발시-도정문자연구소; 장계향 조선의 큰어머니, 정동주 저)

장계향은 15세 이후부터 결혼 전까지(19세) 어머니 안동 권씨로부터 아내이자 어머니로 살아가기 위해 필요한 요리법을 비롯한 생활 수련을 받았다. 어머니는 음식 재료를 고르는 법에서부터 조리법과 자세까지 철저히 가르쳤다고 한다. 19세에 장흥효는 수제자인 이시명을 사위로 삼았다. 당시 이시명은 전처와 사별하여 자녀(1남, 1녀)를 두고 있었지만, 그의 인품과 학식이 남달랐기에 무남독녀인 장계향의 배필로 정해졌던 것으로 보인다. 장계향은 결혼 후 6남 2녀를 낳았으며, 전처의 자녀까지 포함해 총 10명의 자녀를 훌륭히 양육하였다. 갓 시집온 장계향이 전처의 어린 아들 이상일을 등에 업고 먼 거리를 오가며 훈장에게 교육을 받도록 도왔다는 일화는, 훗날 장계향이 친아들이 아닌 이상일에게 남은 생을 의탁했다는 이야기와 함께 전해져 깊은 울림을 준다. 또한 숙종 때 아들 이현일은 이조판서에 올랐고, 다른 아들들도 학문과 각자의 길에서 큰 성취를 이루었다. 장계향의 교육관은 먼저 사람됨에 있었다. 그는 자녀들에게 "글 잘한다는 소리보다 착하다는 소리를 듣는 것을 더 귀히 여기고 기뻐하겠다"고 강조하며 인성과 학문을 병행하도록 가르쳤다.

한편 남편 이시명의 집안은 큰 불행을 겪은 상황이었다. 전처의 사망뿐 아니라 이시명의 큰형과 둘째형이 사고로 세상을 떠났고, 이후 형수들마저 세상을 등졌다. 장계향은 이러한 집안을 일으켜 세우는 무거운 짐을 떠안게 되었다. 그는 자녀 10명을 돌보는 한편 시부모와 친정 부모를 정성껏 모셨으며, 억울한 누명으로 좌절했던 남편을 위로하며 용기를 북돋아 주었다. 병자호란(1637) 이후 혼란스러운 시국 속에서 이시명은 벼슬을 버리고 가족과 함께 경북 영양군 석보면 두들마을로 낙향했다. 당시 장계향의 나이는 43세였다. 이곳에서 12년간의 생활은 남편에게는 학문 연구와 후학 양성의 계기가 되었고, 장계향에게는 자녀 교육의 산 교육장이 되었다. 이어 1653년에는 더 깊은 산골인 영양군 수비면으로 이주했는데, 훗날 이현일은 갈암기에서 "부모님을 따라 수비에 와서 띠풀로 집을 짓고 물을 길어 채마밭을 일구었다"고 회상하며 그 시절의 생활상을 전했다.

장계향은 73세이던 1670년, 경상도 양반가의 전통 음식 조리법을 정리하여 「음식디미방」을 저술했다. 이 책에는 음식 조리법뿐 아니라 전통주와 발효식품 제조법, 보관법 등 146가지의 실제 조리법과 음식 문화가 담겨 있다. 이는 현존하는 가장 오래된 한글 조리서이자 동아시아 최초의 여성 저술 조리서로 평가된다. 장계향은 원본 보존을 특히 강조하며 후손들에게 "이 책을 어두운 눈으로 간신히 썼으니 딸들은 베껴 가되 원본을 가져갈 생각은 말고 잘 보존하라"고 당부했다. 그녀의 세심한 마음 덕분에 오늘날까지 귀중한 기록이 전해질 수 있었다.

시·서화에서 재능을 발휘하고, 전처의 자녀를 포함한 10명의 자녀를 훌륭히 길러낸 어머니로, 양가 부모를 극진히 섬긴 효녀로, 남편을 지지한 내조자로, 그리고 백성을 위로하고 도운 여인으로, 장계향은 다방면에서 모범적인 삶을 살았다. 또한 딸과 며느리들에게 음식 제조 비법을 전수하고 이를 기록으로 남겨 조선 여성 리더의 표본이 되었다. 그녀는 아버지로부터 실천을 중시하는 학문을, 어머니로부터 음식 문화를, 남편과의 삶 속에서는 교육·효행·나눔을 실천하는 방법을 배웠다. 장계향은 사람을 위한 도리를 다하는 '여중군자女中君子'로서의 삶을 살다가 1680년 7월 7일, 경북 영양군 석보면에서 향년 83세로 생을 마쳤다.

14. 콜린 파월 역경은 사람을 강하게

콜린 루터 파월(Colin Luther Powell, 1937.04~2021.10)은 1937년 4월 미국 뉴욕주 맨해튼의 할렘(맨해튼 북부 흑인 거주 지역, 당시 흑인 빈민가)에서 자메이카 출신 이민자 부모 사이에서 태어났다. 그의 아버지는 배송회사 노동자였고, 어머니는 가정부로 일하였다. 그는 공립 모리스 고등학교와 뉴욕시립대학을 졸업했는데, 그의 회고록에 따르면 "고등학교와 대학에서의 성적은 모두 C학점 수준이었다"고 한다. 뉴욕시립대학에서 공학을 전공으로 시작했으나 6개월 만에 지질학으로 전공을 바꾸었고, 대학 재학 중 ROTC(장교 양성 과정의 하나)를 접하게 되면서 자신이 '잘하는 것'과 '즐기는 것'을 찾게 되었다고 한다. 파월이 잘하는 것은 군사학 관련 훈련이었고, 즐기는 것은 군사학 관련 이론을 공부하는 일이었다. 그는 ROTC 과정에서의 경험을 "내 생애 가장 행복했던 경험 중 하나, One of the happiest experiences of my life"라고 표현할 정도였다. 콜린 파월은 "뉴욕시립대학

(CCNY)에서 성적이 안 좋은 다른 과목들을 ROTC 과정에서 올 A학점을 받아 끌어올려서 1958년 졸업과 함께 'ROTC 우등 졸업생'으로 육군 장교로 임관했다"고 회고하였다(콜린 파월 자서전, 콜린 파월·요셉 퍼시코 공저, 류진 역).

서독 주둔 미군 사단에서 소대장으로 군 생활을 시작한 콜린 파월은 1993년, 35년간의 군 생활을 마칠 때까지 월남전 파병 2회(군사고문, 부대대장), 주한미군 대대장, 미 공수사단 2여단장, 미 5군단장, 국가안보보좌관(레이건 행정부), 그리고 1989년 대장 진급 후 육군전력사령관, 합동참모의장(제41대 조지 H. W. 부시 행정부) 등 주요 보직을 두루 역임하였다. 콜린 파월은 최연소이자 최초의 흑인 출신 합동참모의장이었으며, 또한 최초의 ROTC 출신 합동참모의장이었다.

군 생활을 마치고 퇴역한 그는 2001년 1월 제43대 조지 W. 부시 행정부에서 국무장관(국무총리 겸 외무장관격)에 임명되었다. 이 또한 흑인으로서는 최초의 국무장관이었다. 2005년 1월 국무장관직에서 물러난 뒤에는 미래세대를 위한 지원 프로그램에 참여하고, 자신의 경험을 불우 청소년을 포함한 다양한 계층의 사람들에게 들려주는 강연 활동을 활발히 이어갔다. 뉴욕시립대학에는 '콜린 파월 시민 및 글로벌 리더십 스쿨(Collin Powell

School for Civic and Global Leadership)'이 2013년 개설되었고, 그는 최초로 소아마비 백신을 개발한 Jonas E. Salk, 인텔 공동 창업자인 Andrew S. Grove 등과 함께 뉴욕시립대학을 빛낸 동문으로 인용되고 있다.

콜린 파월은 군 복무 시절이나 외교 업무를 총괄할 때 모두 탁월한 리더십을 발휘하였다. 그는 구성원의 반발과 상대의 비판을 두려워하지 않았고, 맹목적인 복종을 요구하지도 않았다. 부하들이 창의적으로 일할 수 있도록 독려했으며, 그런 분위기를 조성하는 데 힘썼다. 또한 목표를 세우면 반드시 성공을 이루도록 분명한 선택과 과감한 추진력을 발휘하였다. 그의 리더십과 성공에는 어떤 힘이 작용했을까? 그것은 바로 무한 긍정의 힘과 역경을 대하는 그의 자세에 있었다.

콜린 파월은 이민자 2세 흑인으로, 가난한 가정환경과 좋지 않은 학업 성적 등으로 인해 사회적 편견과 자기 처지에 대한 한계에 갇힐 법도 했다. 그러나 그는 인종차별과 편견을 극복하고 자기 내면의 무한한 가치를 발견해 나갔으며, 그 가치를 인정하고 자랑스러워했던 부모의 사랑 속에서 성장했다. 비록 학업 성적은 항상 하위권이었으나 자신이 잘하는 분야, 즐기는 분야를 발전시켜 성공의 발판으로 삼았다. 이런 긍정적인 태도는 그를 어떤 역경 속에서도 더욱 강하게 했으며, 군 지휘를 포함한 모든 업무와 일상에서 즐거움을 느끼게 했다. 결국 그는 자신뿐 아니라 구성원들의 삶도 행복하고 가치 있게 만드는 리더가 되었다.

사람에게는 단순히 두 가지 면만 존재하는 것이 아니다. 마치 360도의 각도처럼 수많은 면이 존재한다. 언어 능력, 암기력, 판단력, 창의력, 정직, 성실, 용기, 감성, 공감 능력, 네트워킹 능력 등 다양한 재능을 우리는 흔히 '탤런트(Talent)'라고 부른다. 원래 무게와 화폐 단위였던 달란트에서 유래한 탤런트는 오늘날 사람의 재능을 뜻하는 단어로 사용되고 있다. 요즘 시세로 1달란트는 금 34kg(약 60억 원)에 해당한다. 그렇다면 사람의 탤런트는 과연 계산할 수 있을까? 사람의 가치는 무한하기 때문에 계산할 수 없다. 무한한 탤런트를 다 쓰지 않아도, 360개의 모든 면에서 탁월하지 않아도, 사람은 성공할 수 있음을 콜린 파월은 자신의 삶으로 증명했다. 그는 '정직, 성실, 용기를 자산(탤런트) 삼아 아메리칸 드림을 이룬 대표적인 인물'이었다(참조 : 콜린 파월 자서전, 콜린 파월·요셉 퍼시코 공저, 류진 역).

그는 이렇게 말했다.

"성공에 이르는 비결은 없다. 성공은 준비성, 근면성, 그리고 실패로부터 배우는 교훈의 결과물이다(There are no secrets to success. It is the result of preparation, hard work, and learning from failure).”

콜린 파월은 2021년 10월 18일, 84세를 일기로 별세하였다. 당시 그의 가족들은 페이스북을 통해 “우리는 훌륭하고 사랑하는 남편, 아버지, 할아버지, 그리고 위대한 미국인을 잃었다(We have lost a great and loving husband, father, grandfather and a great American.)”고 전했다. 위대한 미국인 콜린 파월, 그는 약점을 강점으로 바꾸고, 역경逆境을 극복해 순경順境으로 전환하는 삶을 살아간 훌륭한 리더였다.

15. 갈렙 2인자로 섬기는 리더

성경에 나오는 인물 중 고대 이집트 땅에서 오랜 노예 생활을 하던 이스라엘 민족을 구출한 지도자 모세와, 그의 뒤를 이어 이스라엘 민족을 최종 목적지인 가나안(약속의 땅)으로 인도하여 진정한 자유와 독립을 가져다준 여호수아는 훌륭한 지도자이자 민족의 영웅이었다. 모세는 구약성경의 첫 번째 책인 창세기를 비롯하여 출애굽기, 레위기, 민수기, 신명기를 기록하였고(모세 5경), 여호수아는 여섯 번째 책인 여호수아서를 기록하였다. 성경은 모세와 여호수아를 이스라엘 민족의 위대한 인물로, 또한 백성들이 두려워했던 지도자로 묘사하고 있다(여호수아 4장). 이스라엘 민족이 이집트에서 탈출해 가나안에 이르는 동안에는 소수민족을 포함한 다양한 백성들의 욕구와 불만을 다루어야 했으며, "왜 우리를 이끌고 나와 이렇게 고생하게 하느냐"며 다시 이집트로 돌아가자는 원성에 직면하기도 했다. 또한 가나안에 들어가기 위해서는 원주민들과 수많은 전쟁을 치러야 했기에 두 지도자는 늘 강한 모습을 보일 수밖에 없었을 것이다.

여호수아와 함께 모세의 부름을 받아 가나안 전쟁에 참여하여 이스라엘 민족의 독립에 큰 공을 세운 또 다른 인물은 갈렙이다. 갈렙은 40세에 모세의 명을 받아 여호수아와 또 다른 10명의 정탐꾼과 함께 40일간 가나안을 정탐한 인물이며, 결국 여호수아와 함께 가나안에 입성한 사람이었다. 여호수아와 갈렙은 정탐을 마친 후 다른 10명의 정탐꾼과는 달리 긍정적이고 믿음의 시각으로 본 것을 보고하여 가나안 정복을 가능케 하는 데 크게 기여하였다. 그러나 갈렙은 모세의 후계자도, 여호수아의 경쟁자도 아니었으며, 1인자가 되는 데에도 관심이 없었던 인물로 평가된다. 이후 40년간의 광야생활 동안에도 갈렙은 변함없이 충성스럽고 성실한 2인자였으며, 백성 위에 군림하지 않고 오직 민족의 해방과 독립을 위해 자신의 자리를 지켰다.

마침내 이스라엘 민족은 가나안에 들어갔고, 입성 후 5년이 지난 시점에서 갈렙의 나이는 85세가 되었다. 이때 이스라엘 민족은 지파별로 땅을 분배받게 되었는데, 여호수아와 제사장, 지파 대표들이 모여 공평하게 진행하였고, 불만을 줄이기 위해 제비뽑기도 병행하였다. 사람들이 선호할 만한 예루살렘 도성이나 기름진 평야 지역이 분배되는 과정에서 갈렙은 척박하고 여전히 원주민이 남아 있어 정복 전쟁을 치러야 하는 산간 지역, 아무도 원하지 않는 땅인 '헤브론'을 달라고 요청했다. 그러면서 "오늘 내가 85세이지만 40세 때와 같이 여전히 건강하니, 내 힘이 그때나 지금이나 같아서 싸움을 감당할 수 있다"(여호수아 14장)고 하였다. 민족 해방의 공을 내세우며 기름진 땅을 요구할 법도 했지만, 갈렙은 그렇지 않았다. 헤브론은 그가 가나안 정탐을 했을 때 가장 정복하기 어려운 원주민(거인의 아낙족)이 살던 곳이었다. 85세의 갈렙은 누구도 가지려 하지 않는 헤브론을 평생의 사명으로 믿고 있었기에 그 땅을 분배받고 다른 권리는 모두 포기하였다. 성경은 갈렙이 헤브론 정복을 마무리한 후에야 전쟁이 종식되었다고 기록한다. 또한 갈렙은 헤브론마저 기업을 분배받지 못한 레위인에게 나누어 주었으며, 그곳에 도피성(실수로 살인 등을 저지른 사람이 생명을 보존할 수 있도록 마련한 피난처)을 마련하도록 하였다.

여호수아를 도와 이스라엘 민족의 독립과 자유를 이루게 한 2인자 갈렙은 비전과 사명으로 충만한 인물이었다. 그는 언제나 여호수아의 편에서 그림자처럼 충실히 돕는 오른팔이었고, 1인자의 자리를 탐내지 않았으며 여호수아의 성공을 질투하거나 배신하지 않았다. 또한 갈렙은 늘 청년과 같은 특성을 지니고 있었다. 85세의 나이에도 40세에 받은 사명의 완수를 위해 비전을 품었고, 마침내 그 비전을 실현하였다. 그는 여호수아를 도와 민족 해방과 약속의 땅에서의 독립이라는 대업을 완수하고, 마지막 헤브론 전쟁에서 승리함으로써 모든 전쟁을 종식시킨 인물이었다. 그리고 그 땅마저 레위지파와 도피성을 위해 내어주었다.

2인자로 살았지만 사명을 다하기 위해 45년을 기다려온 갈렙, 그는 언제나 청년의 마음을 지닌 위대한 지도자였다. 가정에서나 직장에서, 사회에서나 함께하는 사람이 잘되도록 돕고, 질투 없이 상대가 1인자가 되도록 성원하며, 그 성과를 함께 기뻐하는 리더십이 필요하다. 나이에 상관없이 분명한 목표와 사명감으로 밀고 나아가며, 성과는 나누고, 배려하며, 때로는 손해를 감수하는 갈렙의 2인자 리더십이 우리 사회에도 널리 확산되기를 소망하고 기도한다.

16. 에디슨 혁신과 실용화의 아이콘

토마스 엘바 에디슨(Thomas Alva Edison, 1847.02~1931.10)은 미국 오하이오주 밀란에서 태어났으며, 1854년부터 가족과 함께 미시간 주로 이주하여 미시간주의 포트 휴런에서 자랐다. 에디슨은 어린 시절부터 호기심이 매우 많았으며, 초등학교에 입학한 뒤에도 수업에 집중하기보다는 자신의 호기심을 해소하기 위해 담임교사에게 다양한 질문을 하곤 했다. 그러나 학업 성적은 좋지 않았고, 수업 내용과는 거리가 먼 그의 질문들 때문에 담임교사는 심각한 문제의식을 느끼고 결국 에디슨을 3학년 때 퇴학시켰다. 당시 이런 일화도 전해진다. 수업 시간에 교사가 “1+1은 무엇인가?”라고 묻자, 에디슨은 “1+1은 2이지만 1이 될 수도 있다”라고 답해 교사를 당황하게 하고 화나게 했다. 그 후 어머니까지 학교로 불려오자, 에디슨은 “찰흙 한 덩어리에 또 다른 한 덩어리를 합치면 결국 한 덩어리이므로 1+1은 1이 될 수도 있다”라고 설명했다. 담임교사는 답이 없는 아이로 간주했으나, 그의 어머니는 “그럴 수도 있다”고 인정했다고 한다.

학교를 그만둔 에디슨은 전직 교사였던 어머니에게 가정에서 교육(홈스쿨링)을 받으며 독학으로 학문을 익혔다. 어머니의 교육 덕분에 에디슨은 풍부한 호기심을 바탕으로 창의적인 아이로 성장할 수 있었다. 그는 12세에 기차에서 신문을 팔며 생계를 돕고 동시에 실험 재료를 구입하기도 했다. 심지어 기차의 짐칸에서도 틈날 때마다 실험을 했는데, 이는 전신 기술에 관심을 갖는 계기가 되었고 훗날 발명의 중요한 토대가 되었다.

끊임없이 질문하고 궁금증이 풀릴 때까지 실험을 반복하며 사실을 입증하고자 했던 에디슨의 집념과 열정, 그리고 도전정신(실패를 실패가 아닌 새로운 발견으로 보는 태도)은 그가 '발명왕'이라는 칭호를 얻을 수 있는 밑거름이 되었다. 그의 발명은 전기, 통신, 녹음, 영상 등 다양한 분야에서 혁신과 실용화를 이끌어냈다. 대표적인 예로, 백열전구에 탄소 필라멘트를 사용하는 방법을 개발하여 전구를 장시간 안정적이고 효율적으로 사용할 수 있게 했으며, 기존 전구의 수명과 효율성을 획기적으로 바꾸었다. 또한 축음기를 개발하여 소리를 기록하고 재생할 수 있게 했고, 움직이는 영상을 담아 재생할 수 있는 영상 기계를 발명했으며, 전기의 분배 시스템을 개발하여 대중이 실질적인 전기사용의 혜택을 누릴 수 있도록 했다.

에디슨은 많은 명언을 남겼다. "천재는 1%의 영감과 99%의 땀으로 이루어진다(Genius is one per cent inspiration and ninety-nine per cent perspiration.)" "나는 실패하지 않았다. 단

지 작동하지 않는 10,000가지 방법을 발견했을 뿐이다(I have not failed. I've just found 10,000 ways that won't work.)" "우리가 할 수 있는 모든 것을 다 한다면, 우리는 실제로 우리 자신을 깜짝 놀라게 할 것이다(If we did all the things we are capable of, we would literally astound ourselves.)" "노력을 대신할 것은 없다(There is no substitute for hard work.)"

그의 삶은 '학이시습學而時習(배우고 틈나는 대로 그것을 익힘)'의 정신을 실천하며, 노력하면 무엇이든 이룰 수 있음을 입증한 예라 할 수 있다. 그는 실패를 좌절이 아닌 새로운 성과로 간주했고, 끊임없이 반복하고 다시 도전함으로써 마침내 성공을 이루었다.

세상에는 사람들의 삶의 질을 개선하기 위해 혁신적인 정신으로 혼신을 다한 인물들이 많다. 임원경제지의 저자 풍석 서유구 선생과 토마스 에디슨이 바로 그러한 인물이다. 당대 사대부들이 외면했던 잡학雜學으로 불린 실용지학實用之學을 일생 동안 추구하며, 그 결과 대백과사전인 『임원경제지』를 완성한 서유구 선생은 학문과 집필의 목적을 백성들의 삶의 질 향상에 두었다. 그는 성리학에만 몰두한 선비들이 현실성이 없는 지식만 나열하는 것을 두고 "먹지 못할 흙국, 종이로 만든 떡"에 불과하다 말하며, 학문의 결과물은 반드시 생활 속에서 활용 가능해야 한다고 강조했다.

토마스 에디슨도 마찬가지였다. 그의 발명의 궁극적 목표는 대중이 실제로 사용하는 실용화에 있었다. 그는 "팔리지 않는 것은 발명하고 싶지 않다"고(참조 : 토마스 에디슨 명언 30, 로라조 엮) 말할 정도로, 성공의 기준을 실제로 사용되는 상품 개발에 두었다. 학자든 발명가든 혁신가든, 그 출발이 설령 돈(Money)에서 비롯되었더라도 점차 가치(Meaning)를 추구하는 쪽으로 무게가 옮겨지고, 궁극적으로는 사람들의 삶의 질 개선이라는 사명(Mission)에 도달한다면, 그는 결국 리더로서의 삶을 산다고 할 수 있다.

에디슨의 수많은 혁신적이고 실용적인 발명품들은 사람들의 삶의 질을 개선하기 위해 개발되었음이 분명하다. 그렇기에 에디슨은 혁신과 실용화의 아이콘이자, 본받아야 할 리더임에 틀림없다.

17. 윈스턴 처칠 문무 겸비의 영국 총리 겸 화가

윈스턴 처칠(1874.11~1965.01)은 영국 옥스퍼드셔의 블레넘 궁전에서 귀족의 아들로 태어났으며, 두 차례에 걸쳐 영국 총리

[(1940.05~1945.07), (1951.10~1955.04)]를 역임한 정치가이다. 그의 아버지 랜돌프 처칠은 보수당 정치인으로 영국 재무장관과 보수당 당수를 지낸 인물이었고, 어머니 제니 제롬은 미국 뉴욕 출신의 사교계 유명 인사였다. 덕분에 윈스턴 처칠은 남들의 부러움을 받으며 성장했으나, 아버지는 정치에 몰두했고 어머니는 사교 활동으로 바빴기에 주로 보모의 손에서 길러져 외로운 어린 시절을 보냈다고 알려져 있다.

어린 시절 처칠은 학업 성적에서 두각을 나타내지 못했으나, 상류층 사회환경에 자연스럽게 노출되면서 정치적·사회적 감각을 익히게 되었다. 여기에 타고난 말솜씨가 더해져 점차 자신만의 리더십을 키워 나가고 있었다. 그는 해로우 스쿨과 샌드허스트 육군사관학교를 거치며 언변과 군사적 지식을 차곡차곡 쌓아갔다. 그러나 육군사관학교 생도 시절 아버지는 정적과의 권력투쟁에서 밀려 외로운 생활을 하다가 요절하였다. 이 일은 처칠에게 큰 충격을 주었고, 비타협적이었던 아버지의 모습을 반면교사 삼아 타협과 유머로 자신을 무장하며 내적으로 더욱 단단해지게 되었다.

샌드허스트 육군사관학교를 기병 병과 수석으로 졸업한 처칠은 군인과 종군기자 신분으로 인도, 수단, 쿠바, 남아프리카 등지에서 복무하며 실제 전투 경험과 세계정세에 대한 통찰력을 넓혔다. 제대 후 1899년 남아프리카 보어 전쟁이 발발했을 때 기자로 활동하던 중 부상병 구출을 돕다가 포로로 잡히기도 했다. 그러나 포로 수용소에서 극적으로 탈출하여 이듬해 영국으로 돌아왔으며, 그 과정에서 현지 영국인 이주자의 도움과 위장술(로마 가톨릭 신부로 변장 등), 강인한 군인정신이 발휘되었다고 전해진다. 이 탈출 사건을 계기로 그의 이름은 영국 국민들에게 널리 알려지기 시작했다.

1900년, 처칠은 영국 하원의원으로 당선되며 정계에 입문했고 이후 정부 부처에서 해군장관을 비롯한 요직을 두루 맡았다. 그가 해군장관으로 재직할 때 제1차 세계대전(1914.07~1918.11)이 발발했고, 그가 주도한 갈리폴리 전투(1915.04~1916.01)에서 영국군은 막대한 피해(영국 연방군 사상자 21만 3,000명 이상)를 입었다. 이 실패에 대한 책임을 지고 장관직에서 물러나야 했는데, 갈리폴리 전투의 경험은 평생 정적들의 비난거리였지만 처칠에게는 스스로를 성찰하게 한 값진 교훈이 되었다. 그는 이 경험을 통해 더욱 겸손해졌으며, 필요할 때는 결단력을 보이고, 부드러움과 유머로 사람들을 대하며 타인의 불안과 스트레스를 덜어주는 리더십을 키워 갔다. 이후에도 좌절하지 않고 군 복무를 자원해 중령으로 전투에 직접 참여했으며, 군인들의 복지·위생·정신적 안정을 위해 힘썼다.

제1차 세계대전 후 처칠은 정계로 복귀해 1924년 보수당 정부에서 재무장관을 맡았다. 그의 진가는 이 시기 독일을 중심으로 새로운 전쟁 위협이 다가오고 있음을 경고하면서 드러났다. 그러나 당시 그의 경고는 무시되었고, 심지어 '전쟁광'이라는 비난을 듣기도 했다. 실제로 제1차 세계대전 후 독일은 막대한 전후배상금 부담으로 경제가 피폐해졌고, 1933년 나치당의 아돌프 히틀러가 집권하면서 전쟁의 야망이 현실화되었다. 결국 1939년 9월 히틀러가 폴란드를 침공하면서 제2차 세계대전이 발발했다. 전쟁이 시작되자 처칠은 다시 총리(1940.05~1945.07)에 취임하여 전쟁 경험을 바탕으로 영국군과 연합군을 이끌어 나치 독일을 패배로 몰아넣었다. 전쟁 후 1945년 총선에서 패배해 총리직에서 물러났으나, 1951년 선거에서 다시 승리하여 총리에 복귀하였다(1951.10~1955.04).

처칠의 생애는 순탄치 않았지만, 그는 영국 국민에게 자긍심과 희망을 주는 정치 지도자였다. 강인한 정신력, 탁월한 예측력과 결단력, 타협과 유머를 겸비한 소통 능력으로 오늘날 영국의 발전에 크게 기여했다.

1940년 5월 총리 취임 직후 웨스트민스터 하원에서 그는 이렇게 연설했다. "저는 피, 수고, 눈물 그리고 땀 외에는 드릴 것이 없습니다. 여러분은 물으실 것입니다. 우리의 정책이 무엇이냐고? 저는 답하겠습니다. 그것은 바다, 육지, 그리고 하늘을 가리지 않고, 우리가 가진 모든 힘과 신께서 우리에게 주실 수 있는 모든 힘을 다하여 전쟁을 수행하는 것입니다. 인류 범죄의 어둡고 통탄할 역사 속에서도 견줄 바 없는 극악무도한 폭정에 맞서 싸우는 것입니다. 그것이 바로 우리의 정책입니다. 여러분은 물으실 것입니다. 우리의 목적이 무엇이냐고? 저는 단 한 단어로 답하겠습니다. 그것은 승리입니다. 어떤 대가를 치르더라도, 승리. 어떠한 공포가 닥쳐와도, 승리. 길이 아무리 길고 험난할지라도, 승리. 왜냐하면 승리 없이는 생존도 없기 때문입니다."[참조 : 피, 수고, 눈물, 땀(Blood, Toil, Tears and Sweat) 연설문]

한 달 뒤, 그는 다시 이렇게 연설했다. "비록 유럽의 넓은 지역과 유서 깊은 많은 나라들이 게슈타포와 나치 독재의 혐오스러운 통제의 손아귀에 넘어갔거나, 앞으로 넘어간다 할지라도, 우리는 결코 지치거나 좌절하지 않을 것입니다. 우리는 끝까지 나아갈 것입니다. 우리는 프랑스에서 싸울 것이며, 바다와 대양에서도 싸울 것입니다. 우리는 더욱 커지는 자신감과 더욱 강해지는 힘으로 공중에서도 싸울 것입니다. 우리는 어떤 대가를 치르더라도 우리의 섬[영국]을 지켜낼 것입니다. 우리는 해변에서 싸울 것이며, 상륙 지점에서 싸울 것이고, 들판과 거리에서 싸울 것이며, 언덕에서도 싸울 것입니다. 우리는 절대 항복하지 않을 것입니다!"[참조 : 우리는 해변에서 싸울 것이다(We Shall Fight on the Beaches) 연설문]

처칠의 연설은 늘 간결하고 명확했으며, 강한 설득력과 진실성이 담겨 있었다. 그는 인문학적 소양과 유머 감각도 탁월했다. 기자로 활동할 시절 글쓰기와 함께 그림에도 흥미를 가지기 시작했으며, 본격적으로 몰두한 것은 1915년 갈리폴리 전투 실패로 해군장관직에서 물러나 깊은 좌절에 빠져 있던 시기였다. 이때 다시 붓을 들었고, 그림은 그의 삶에 활력을 불어넣었다. 이후 50여 년 동안 약 500점 이상의 작품을 남겼다.

1943년 제2차 세계대전 중 그는 [쿠투비야 모스크의 탑]이라는 그림을 그려 미국 대통령 프랭클린 D. 루스벨트에게 선물했다. 이 작품은 전쟁 중 처칠이 남긴 유일한 그림으로, 연합군의 승리를 염원하는 그의 마음이 담긴 것으로 평가된다. 처칠은 "그림을 그리는 것은 전투를 치르는 것과 같다"라 했으며, 그림을 통해 인내심과 결단력, 용기를 바탕으로 한 강력한 리더십을 발휘할 수 있었다. 그의 작품은 피카소조차 높이 평가했다고 하며, 오늘날 처칠의 그림이 더욱 귀히 여겨지는 것은 당연한 일이다.

18. 로널드 레이건 소통과 유머의 달인

로널드 레이건(1911.02~2004.06)은 1981년 1월부터 1989년 1월까지 8년에 걸쳐 미국 제40대 대통령을 역임하였다. 1980년 선거에서는 당시 현직 대통령이었던 민주당 지미 카터 후보를 물리치고 당선되었으며, 1984년 선거에서는 민주당 월터 먼데일 후보를 꺾고 연임에 성공하였다. 레이건은 대통령 취임 당시 만 69세(70세에 16일 부족한 나이)로, 당시로서는 역대 최고령의 나이에 취임한 미국 대통령이었다.

정치에 입문하기 전 그는 라디오 방송국 스포츠 아나운서, 할리우드 영화배우, 영화배우협회장, 영화배우조합장 등을 지내며 20년 넘게 활동했고, 이 과정에서 탁월한 의사소통 능력(말솜씨, 표정, 몸짓, 유머 등)을 쌓았다. 이후 제33대 캘리포니아 주지사로 초선과 재선에 성공해 8년간(1967.01~1975.01) 정치 경력을 쌓았다. 그의 대통령 재임 시절은 소위 '레이건 시대'로 불리며 미국 정치뿐 아니라 세계 문제에도 큰 영향을 끼쳤다. 그는 감세, 규제 완화, 효율적인 국정운영을 통한 정부 재정지출 감소, 군비 증강을 통한 국방력 강화 등 이른바 '레이거노믹스(Reaganomics : 레이건과 이코노믹스를 합친 말)' 정책을 강력히 추진했으며, 구소련 미하일 고르바초프와의 협상을 통해 냉전 종식의 계기를 마련하는 등 역사적으로 중요한 인물로 평가받고 있다. 현재 캘리포니아 주에서는 그의 생일을 '로널드 레이건의 날(Ronald Reagan Day)'로 기념하며, 그곳에 그의 묘지가 있다.

레이건은 아나운서와 배우 출신답게 뛰어난 언변과 훤칠한 외모로 대중의 사랑을 받은 대통령이었다. 그러나 인기가 단순히 외모나 언변 때문만은 아니었다. 그는 국민과 지속적이고 진솔하게 소통하려 노력했기에 '위대한 소통가(The Great Communicator)'라는 별명을 얻었다. 기회가 있을 때마다 TV, 라디오 등 대중 매체를 활용해 정부 정책을 설명하고 국민을 설득하며 동의를 이끌어냈다. 심지어 민주당 지지자들조차 그의 소통 노력만큼은 인정했다고 한다. 그는 "If you're not good at communicating, you'll always be alone(소통을 잘하지 못한다면 당신은 늘 혼자일 것이다)"라는 말을 남겼으며, 언제나 진정성 있는 자세로 대중과 소통하며 긍정적인 마인드와 자신감을 불어넣었다. 또한 'Great America(위대한 미국)'이라는 비전을 강조하며 미국을 강하고 부유하게 만들고 국민의 삶의 질을 개선하고자 최선을 다했다.

1980년 선거 당시 미국 경제는 침체와 물가 폭등이 동시에 나타나는 스태그플레이션(Stagflation) 상태였다. 레이건 후보는 '비난받아야 할 대상은 국민이 아니라 정부'라는 논리를 내세우며 대선 슬로건으로 "Let's Make America Great Again(미국을 다시 위대하게 만들자)"을 내걸어 국민들의 애국심과 경제 안정에 대한 열망을 자극했다. 실제로 그의 재임 기간 중 1982년부터 1987년까지 미국 국내총생산(GDP)은 27%, 제조업은 33%, 중위소득은 12% 상승했고, 2천만 개의 신규 일자리가 창출되어 모든 계층이 혜택을 누린 것으로 알려져 있다.

레이건은 또한 탁월한 유머 감각의 소유자였다. 어떤 순간에도 유머를 잃지 않는 지도자였으며, 단순히 분위기를 풀기 위한 농담을 넘어서 진실을 전하고 상황을 유연하게 이끄는 도구로 유머를 활용했다. 1981년 3월 30일, 취임 두 달째였던 그는 워싱턴 D.C. 힐튼 호텔에서 행사를 마치고 나오던 중 존 힝클리 주니어가 쏜 6발의 총탄 중 한 발이 리무진에 맞고 튀어 그의 왼쪽 겨드랑이에 박혔다. 총알은 폐를 관통해 심장에서 불과 2.5cm 떨어진 지점에서 멈췄다. 곧바로 조지 워싱턴 대학교 병원으로 이송된 그는 응급실에서 눈을 뜨며 "I certainly hope you all are Republicans(나는 확실히 여러분 모두가 공화당원 이기를 바랍니다)"라고 말해 배우 출신 대통령다운 면모를 보여주었다. 이에 의료진 한 명이 "Mr. President, we are all Republicans today(대통령님, 오늘 저희 모두는 공화당원입니다)"라고 응답했다고 한다. 수술은 1시간이 넘게 진행되었으며, 총알은 성공적으로 제거되었다. 이 사건에서 백악관 대변인 제임스 브래디와 경찰관 델라한티, 경호원 팀 맥카시가 총에 맞아 큰 부상을 입었고, 다행히 사망자는 없었다. 그러나 브래디는 하반신 마비로 평생 휠체어를 사용해야 했고, 델라 한티 경관은 척추 손상으로 왼팔이 마비되어 결국 경찰직을 은퇴해야 했다.

레이건의 유머는 불리한 상황에서 더욱 빛났다. 1984년 선거에서 민주당 월터 먼데일 후보와 맞붙었을 때, 73세의 고령인 레이건에게는 나이가 약점으로 지적되었다. 먼데일 후보가 "당신의 나이에 대해 어떻게 생각하십니까?"라고 질문하자, 레이건은 "나는 이번 선거에서 나이를 문제 삼지 않을 것을 약속합니다"라고 답했다. 먼데일이 그 의미를 되묻자 그는 "당신이 너무 젊고 경험이 부족하다는 점을 절대 정치적 목적으로 이용하지 않겠다"라고 응수하여 자신의 약점을 유머로 넘기고 동시에 상대의 단점을 부각시켰다. 이 재치 있는 답변은 국민들에게 깊은 인상을 남겼으며, 결국 그는 선거인단 525대 13이라는 압도적 차이로 승리해 미국 대통령 선거 역사상 최대 선거인단 수로 당선되는 기록을 세웠다.

소통과 유머, 긍정과 낙천적인 성품을 바탕으로 국민에게 자긍심을 심어주고 미국을 강하고 부유하게 만들었던 로널드 레이건 대통령은 오늘날에도 '소통과 유머의 달인', 영화배우 출신의 매력적인 리더로 기억되고 있다.

19. 무명용사 고귀한 희생의 가치

"초연이 쓸고 간 깊은 계곡 깊은 계곡 양지 녘에, 비바람 긴 세월로 이름 모를, 이름 모를 비목이여, 먼 고향 초동 친구 두고 온 하늘가, 그리워 마디마디 이끼 되어 맺혔네."

"궁노루 산울림 달빛 타고 달빛 타고 흐르는 밤, 홀로 선 적막감에 울어 지친 울어 지친 비목이여, 그 옛날 천진스런 추억은 애달퍼, 서러움 알알이 돌이 되어 쌓였네."

한명희 작사, 장일남 작곡의 예술가곡 「비목碑木」의 가사이다. 이 곡의 가사를 쓴 한명희 선생은 1960년대 중반 강원도 화천 비무장지대 수색대 소대장으로 복무하면서 한국전쟁 당시 희생당한 무명용사의 돌무덤에 세워진 나무 표지(비목碑木)을 본 기억을 되살려 훗날 이 시를 지었다고 한다. 제대 후 한명희 선생은 방송국에 입사해 가곡을 소개하는 프로그램을 진행했는데, 장일남 선생에게 창작 가곡 제작을 의뢰했다가 오히려 가사를 써 달라는 제안을 받았다고 한다. 이를 계기로 자신이 쓴 「비목」의 가사에

장일남 선생이 곡을 붙이게 되었고, 1969년 마침내 오늘날까지 애창되는 예술가곡 「비목」이 탄생하였다.

한국전쟁(1950.06.25~1953.07.27) 기간 동안 산화한 수 많은 무명용사들 가운데 한 용사의 무덤으로 추정되는 돌무덤에 세워진 비목을 보았던 작사가의 마음에 공감이 간다. '초연硝煙이 쓸고 간 깊은 계곡'이라는 표현은 치열한 전투와 화약 연기가 드리워진 전장의 풍경을 떠올리게 한다. 그 계곡 양지쪽에 세워져 있던 이름 모를 비목의 주인공은 젊음을 바쳐 조국 대한민국을 지키려 했던 이로, 결국 후손들에게 길이 남을 명시와 곡을 선사한 셈이다. 그래서 우리는 매년 현충일이면 자연스레 「비목」을 떠올리게 된다. 1970년대부터 고등학교 교과서에 꾸준히 실려왔기에 우리 마음속에 비목은 깊이 스며 있는 듯하다. 고등학교 시절에는 그 의미가 크게 와 닿지 않았지만, 지금은 가슴 깊이 다가온다. 당시 대학 입시(예비고사, 지금의 수학능력시험)에 몰두하다 보니 모든 과목에서 깊은 의미를 새겨보지 못한 것이 아쉽고 송구하다. 「비목」을 부를 때뿐 아니라 「청춘예찬」이라는 수필을 접했을 때에도 청춘의 소중함을 온전히 느끼지 못했던 것 같으며, 다만 그 글을 읽어주시던 나이 지긋한 국어 선생님의 떨리던 목소리만이 지금도 귀에 맴돈다.

2017년 11월 21일, 미 국방부 전쟁포로·실종자확인국(DPAA)은 부산 유엔군묘지 영국군 무명용사 묘역에 안장되어 있던 네 자리 숫자(8***)로 명명된 무명용사의 유해를 영국 측 동의를 얻어 하와이 DPAA 본부 신원감식센터로 이송하였다. 이 무명용사는 한국전쟁 격전지 중 북한 지역에서 수습되어 1998년 휴전선을 넘어온 후 영국군일 가능성이 제기되어 부산 영국군 묘역에 안장되었다. 그러나 DPAA는 영국군이 아니라 미군일 가능성도 배제하지 않고 신원 확인 절차를 진행한 것이다. 무명용사의 국적을 확인하기 위해 안장된 묘역에서 유골을 꺼내 이송하는 과정에서 송환식까지 열었으니, 작은 가능성에도 정성을 다하는 그들의 노력이 경이롭게 느껴진다. 2024년 8월 14일, 미 국방부 DPAA는 2018년 북한으로부터 인도받은 55개 유해 상자에서 미군 전사자 93명의 신원을 확인했다고 발표하였다. 이 상자들 속에는 한국군 추정 유해 88구도 포함되어 우리나라에 송환되었으며, 69구에 대한 감식은 진행 중이라고 한다. DPAA의 모토는 “Until They Are Home(그들이 집으로 돌아올 때까지)”이다.

19세기 미국의 가곡 「Home, Sweet Home」은 존 하워드 페인(John Howard Payne, 1791~1852)이 작사한 곡이다. 김재인 선생이 번안한 한국어 제목은 「즐거운 나의 집」으로, 가사 “즐거운 곳에서는 날 오라 하여도 내쉴 곳은 작은 집 내 집 뿐이리, 내

나라 내 기쁨 길이 쉴 곳도, 꽃 피고 새 우는 집 내 집 뿐이리, 오 사랑 나의 집, 즐거운 나의 벗 집 내 집 뿐이리"에는 가정의 소중함과 고향에 대한 그리움이 절절히 묻어난다.

하워드 페인은 무명용사는 아니었으나, 백인으로서 체로키 원주민을 비롯한 토착민에 대한 무차별 차별과 탄압에 항거하는 운동을 벌이다 결국 고향을 떠나 유럽에서 살다가 1852년 튀니지에서 생을 마쳤다. 그가 세상을 떠난 지 31년 만인 1883년, 그의 유해가 미 군함에 의해 뉴욕항으로 돌아오자 미국 대통령을 비롯해 국무위원, 상·하원 의원 등 수많은 사람들이 나와 조의를 표했다고 한다. 그가 국가적 위업을 세웠기 때문이 아니라, 국민이 애창하는 「Home, Sweet Home」의 작사가가 조국으로 돌아온다는 사실이 사람들을 항구로 불러낸 것이다. 결국 그는 그토록 그리던 조국 미국으로 돌아와 워싱턴 세인트 조지 교회 공동묘지에 안장됨으로써 고향의 품에서 편히 안식하게 되었다.

고귀한 희생에는 고귀한 가치가 있다. 수많은 용사의 희생으로 오늘 우리가 자유와 평화를 누릴 수 있게 되었다. 무명용사로 생을 마감한 모든 이가 고향과 가족의 품에 안길 수 있기를 간절히 소망한다.

20. 양희천 아낌없이 주는 나무

「아낌없이 주는 나무(The Giving Tree)」는 미국의 쉘 실버스타인(Shel Silverstein, 1930.09~1999.05)이 1964년에 발표한 동화이다. 이 동화에서 사과나무는 소년이 원하는 것을 아낌없이 베풀고 있다. 소년이 어린 시절에는 나뭇가지에서 그네를 타게 했고, 소년이 성장하여 돈이 필요하다고 했을 때 나무는 자신의 사과를 팔아 돈을 얻도록 했다. 그럼에도 나무는 언제나 소년과 함께하는 시간을 갖고 싶어 했지만, 소년이 점점 자라면서 나무 곁에 머무는 시간은 줄어들었다. 어른이 된 소년이 집이 필요하다고 했을 때 나무는 자신의 가지를 베어 집을 짓도록 했고, 소년은 그 가지로 집을 지었다. 세월이 더 흘러 소년이 어디론가 멀리 떠나고 싶다고 했을 때는 나무는 자신의 몸통을 내주어 배를 만들게 했고, 소년은 멀리 떠날 수 있었다. 노인이 되어 돌아온 소년은 나무에게 이제는 쉴 곳이 필요하다고 했고, 나무는 남은 그루터기에 앉아 쉬도록 했다. 이 동화에서 나무는 소년에게 끝까지 아낌없이 베풀어 행복했고, 소년은 자신의 욕망 충족시키고 필요를 유지하기 위한 수단으로 나무를 대했던 것이다(참조 : 아낌없이 주는 나무, 이재명 역).

양희천(1933.11~2019.05)은 전북대학교에서는 교수로 22년,

전주 우석대학교에서는 2·3대 총장으로 8년, 평교수로 9년, 전주 희년교회에서는 장로로 26년을 섬겼으며, 평생을 '아낌없이 주는 나무'와 같은 삶을 살았다. 필자가 1년에 한두 번은 양희천 선생의 거처를 방문하곤 했는데, 해가 갈수록 선생의 거처는 점점 좁아졌고 그 자리는 특수아동을 위한 어린이집 공간으로 채워지고 있었다. 양희천 선생은 교수로서 퇴임할 당시 자신의 전 재산을 특수아동들을 위한 공간 마련에 내어주었고, 위층의 방 하나만을 남겨 사모님과 함께 생활하고 있었다. 필자가 양희천 선생을 전북대학교에서 스승과 제자로 처음 만난 후, 미국 유학을 마치고 돌아와서는 우석대학교에서 교수로, 그리고 희년교회에서는 장로로 함께하며 선생의 삶을 오랜 기간 가까이에서 지켜보았기에 2019년 선생의 소천에 따른 장례예배에서 대표 추모사를 하게 되었다. 선생의 소천 후에는 전북대병원에 기증하기로 약속한 대로 시신이 전달되었기에 희년교회에서의 장례예배는 시신 없는 마지막 예배가 되었고, 장지는 따로 갈 필요가 없었다. 다음은 당시 장례예배에서의 필자의 추모사이다.

"고 양희천 장로님 추모사,

오늘 이 자리에 계시는 목사님, 장로님, 권사님, 집사님 그리고 성도 여러분! 사모님을 포함한 가족친지 여러분! 그리고 내외 귀빈 여러분! 사랑하는 장로님을 천국으로 보내드리며 추모사를 하게 된 저는 장로님께서 학문과 신앙의 길에서 제게 직접 보여주신 예수님의 사랑을 말씀드리고자 합니다! 제가 대학교 2학년이던 1979년 선생님 연구실 옆 식품가공실에서 실습생으로 일하며 공부하고 있었을 때입니다. 식품가공실 한켠에서 자취생활하는 저와 같은 제자들의 마음을 헤아리시고 반찬에 대한 걱정을 많이 해주셨습니다. 출근하시면서 종종 밑반찬을 댁에서 가져다주시기도 하셨고, 매일 아침 8시부터 9시까지 하루도 빠지 않으시고 영어와 일본어 지도를 해 주셨습니다. 이렇게 사랑받고 지도받은 제자들은 가까이는 국내에서 그리고 멀리는 미국과 일본, 베트남에서 교수와 기업 CEO로, 중역으로, 목사로 장로로, 그리고 대부분은 실신한 크리스천이 되어 세상과 교회를 섬기고 있습니다.

대학 3학년이 되던 1980년도에는 5월 18일부터 9월 말경까지 휴교령에 의해서 학교진입이 봉쇄되어 있었습니다. 학교 외곽은 군인들이 지키고 있었는데 저는 정말 학교연구실에서 선생님을 뵙고 실험도 하고 싶어서 눈을 피해 학교에 들어가 선생님을 뵌 적이 있었습니다. 너무도 반갑기도 했지만 학교를 빠져나갈 일을 걱정하시던 선생님은 저를 교직원 버스에 태우시고 교문을 무사히 통과할 수 있게 해 주셨습니다. 전북대학교 산악회 지도교수님이기도 하셨던 선생님은 주말과 주일을 포함하는 지리산 산행을 학생들과 자주 가시곤 하셨습니다. 당시 저는 모태신앙으로 정통보수교회에 출석하고 있어서 주일을 낀 산행에 동행하기를 무척 주저하였고, 심지어 주일을 끼고 산행을 하시는 장로이신 선생님이 잘 이해가 되지도 않았습니다. 이런 처지를 감안하시어 지리산 속에서 예배를 직접 인도해 주심으로

열린 예배와 전도의 사명을 감당하셨던 기억이 새롭습니다. 자연스럽게 이런 장로님의 모습을 산행한 모든 학생들은 보았고, 예수님의 메시지를 들을 수 있었습니다. 그래서 선생님께서 평생 오르신 지리산 천왕봉 106회 등정 기록은 산행기록이기도 하였지만, 장로님에게는 분명 사역기록이기도 하였을 것입니다.

1970년대 후반 희년교회 전신인 당시 덕진중앙교회에서는 팔복동에 있던 많은 공단 여성 및 청소년을 위한 야간학교가 진행되고 있었습니다. 교회는 열린마음으로 장소를 제공하고, 뜻있는 전북대학교 학생들이 자비량 교사로 섬김으로 낮에는 공단에서 일하고 밤에는 공부의 꿈을 이어가고자 했던 수많은 공단 여성들을 위해 교회와 캠퍼스가 함께하는 사역을 하고 있었습니다. 당시 야학 교사였던 지금의 제 아내인 차권사와 저는 각자 다른 교회에 출석하고 있었지만, 이런 가치를 추구하는 교회가 좋아서 그리고 선생님이 보여주신 예수님의 사랑이 좋아서 결혼 후 희년교회(당시 덕진중앙교회)의 멤버가 되어 오늘에 이르고 있습니다. 저는 희년교회의 시무장로로 그리고 대학교에서 학생을 가르치는 교수로 장로님께서 걸어가신 길을 가고 있다고 생각은 합니다만 매번 흉내조차 낼 수 없는 장로님의 신앙과 학문과 인격의 깊이에 늘 감탄하고 부족함을 고백합니다. 교회와 학교에서 어떤 문제에 직면하게 되면 저는 장로님께서 보여주셨던 예수님을 생각하고 질문하게 됩니다. '예수님이시라면, 선생님이시라면 이럴 때 어떻게 결론 내리셨을까?' 하고 말입니다.

진정한 크리스천의 삶을 사셨던 선생님은 낮은 곳에 서셔서, 낮은 자를 먼저 생각하셨던 사랑의 사람 이셨습니다. 늘 제자들이 잘할 것이라는 믿음을 심어 주셨고, 믿음으로 기대하고 격려해 주셨습니다. 늘 교회와 본향을 그리워하셨지만 교회에만 한정해서 사역하시지 않으셨습니다. 전 재산을 환원하셔서 특수아동을 위한 시설을 운영하도록 하심으로 스스로는 비천에 이르기를 주저하시지 않으셨고, 마지막 남으신 육체마저도 생명을 살리는 연구를 위해 병원에 기증하심으로 세상에 사시면서 어떤 가치로, 어떤 사명으로 사셨는가를 알게 해 주셨습니다.

오늘 천국으로 환송해 드리는 고양희천 장로님께서는 '교회에서 하나님 앞에 설 때는 예배하는 제사장으로 영적 예배를 드리셨습니다. 그리고 교회 밖 세상 앞에 설 때는 교회와 세상에서의 모든 일이 하나님의 일임을 고백하고 실천'하시며 사시다 본향인 천국에 입성하시게 되셨습니다. 장로님, 우리는 장로님을 그리워할 것입니다. 장로님의 사랑, 미소, 위로, 격려, 품위, 성실한 영혼은 영원히 우리와 함께 할 것입니다. 위대하시지만 겸손하셨던 장로님, 그리고 최고의 선생님이셨던 장로님을 알고 사랑할 수 있었던 것은 분명 저희에게 축복이었습니다. 그리고 앞으로 많이 그립겠지만, 장로님께서 먼저가신 믿음의 선친들을 만나 다시 손을 잡고, 예수님을 만나시고 계시다는 것에 우리는 위로를 받습니다. 감사하고 사랑합니다.

2019년 5월 27일

선생님을 사랑하고 존경하는 제자 오석흥 장로 올림"

선생 스스로도 “나는 평생 집과 학교와 교회에 있는 시간 말고는 많은 시간을 산에 있기를 좋아하였고, 산에 있는 시간이 소중하고 삶의 기쁨이었다”라고 하였다(산돌 양희천 교수 정년 기념문집). 지리산 천왕봉 등정 100회를 이루었을 때는 이를 기념하여 육행시(아래)를 지어 제자들과 나누었고, 이는 지금도 선생의 작품으로 남아 있다. 필자는 올해로 대학교수(34년)와 희년교회의 시무장로(20년)로서의 사역을 마무리하게 된다. 양희천 선생을 통해 ‘아낌없이 주는 나무’와 같은 삶을 배웠기에 이를 실천하려 하고 있지만, 산돌이셨던 선생을 조금이라도 흉내낼 수 있기를 바랄 뿐이다. 선생은 분명 진정한 리더로서의 삶을 사셨고, 많은 사람들에게 본을 보임으로 가르치셨으며, 흙으로 돌아갈 육신마저 사람들을 위해 내어주셨고 그렇게 소망하던 천국으로 가셨다.

「**지리산 천왕봉**」

“**지**루한 듯 살같이 어언 육십년, **이**생길 굽이고비 난도 많건만, **산**속숲 하얀계곡 드높은 창공, **천**왕봉 백번올라 새힘 솟으니, **왕**인들 이런축복 쉽지 않을터, **봉**황인 듯 이기쁨 벗과 나누리, 계유갑년에 산돌 양희천”

리더의 길과 지혜

1판1쇄 2025년 12월 10일

저자 오석흥
발행인 이경화

발행처 디자인21
주소 04560 서울특별시 중구 퇴계로 293-1 3층
전화 02-2269-6561(대)
팩스 02-2269-6568
이메일 21publish@naver.com
블로그 https://blog.naver.com/publish21
인스타 https://www.instagram.com/21publish.co.kr
홈페이지 https://21publish.co.kr

등록번호 제1-1128호
등록일자 1991.2.12

ISBN 978-89-6131-199-1 03810

정가 15,000원